AGÊNCIAS REGULADORAS E CONTRATOS DE CONCESSÃO

INTERFACE NA REGULAÇÃO DOS SERVIÇOS PÚBLICOS CONCEDIDOS

GABRIEL FAJARDO

Prefácio
Flávio Amaral Garcia

Apresentação
Cristiana Fortini

Posfácio
Guilherme Theo Sampaio

AGÊNCIAS REGULADORAS E CONTRATOS DE CONCESSÃO

INTERFACE NA REGULAÇÃO DOS SERVIÇOS PÚBLICOS CONCEDIDOS

Belo Horizonte
FORUM
CONHECIMENTO
2025

FORUM
CONHECIMENTO

Luís Cláudio Rodrigues Ferreira
Presidente e Editor

Coordenação editorial: Leonardo Eustáquio Siqueira Araújo
Thaynara Faleiro Malta
Revisão: Renata Sangeon
Capa, projeto gráfico e diagramação: Walter Santos

Rua Paulo Ribeiro Bastos, 211 – Jardim Atlântico – CEP 31710-430
Belo Horizonte – Minas Gerais – Tel.: (31) 99412.0131
www.editoraforum.com.br – editoraforum@editoraforum.com.br

Técnica. Empenho. Zelo. Esses foram alguns dos cuidados aplicados na edição desta obra. No entanto, podem ocorrer erros de impressão, digitação ou mesmo restar alguma dúvida conceitual. Caso se constate algo assim, solicitamos a gentileza de nos comunicar através do *e-mail* editorial@editoraforum.com.br para que possamos esclarecer, no que couber. A sua contribuição é muito importante para mantermos a excelência editorial. A Editora Fórum agradece a sua contribuição.

Dados Internacionais de Catalogação na Publicação (CIP) de acordo com ISBD

F175a Fajardo, Gabriel

Agências reguladoras e contratos de concessão: interface na regulação dos serviços públicos concedidos / Gabriel Fajardo. Belo Horizonte: Fórum, 2025.

190 p. 14,5x21,5cm
ISBN impresso 978-85-450-0901-6
ISBN digital 978-85-450-0902-3

1. Agências reguladoras. 2. Concessões. 3. Parcerias. I. Título.

CDD: 342
CDU: 342

Ficha catalográfica elaborada por Lissandra Ruas Lima – CRB/6 – 2851

Informação bibliográfica deste livro, conforme a NBR 6023:2018 da Associação Brasileira de Normas Técnicas (ABNT):

FAJARDO, Gabriel. *Agências reguladoras e contratos de concessão*: interface na regulação dos serviços públicos concedidos. Belo Horizonte: Fórum, 2025. 190 p. ISBN 978-85-450-0901-6.

Ao meu pai, Ivan, à minha mãe, Taisa, e
à minha irmã, Fernanda, onde meus pés
pisam no chão firme e me permitem voar.
Ao Astolfo e ao Rubens, saudades diárias.

A reforma do Estado não é, assim, um tema abstrato: ao contrário, é algo cobrado pela cidadania, que vê frustradas suas demandas e expectativas.[1]

[1] BRASIL. Presidência da República. *Plano Diretor da Reforma do Aparelho do Estado*. Brasília: Presidência da República, Câmara da Reforma do Estado, Ministério da Administração Federal e Reforma do Estado, 1995. Disponível em: http://www.biblioteca.presidencia.gov.br/publicacoes-oficiais/catalogo/fhc/plano-diretor-da-reforma-do-aparelho-do-estado-1995.pdf. Acesso em: 6 set. 2022. p. 10.

LISTA DE QUADROS

LISTA DE ABREVIATURAS E SIGLAS

ADI – Ação Direta de Inconstitucionalidade
ANA – Agência Nacional de Águas
ANAC – Agência Nacional de Aviação Civil
ANATEL – Agência Nacional de Telecomunicações
ANCINE – Agência Nacional do Cinema
ANEEL – Agência Nacional de Energia Elétrica
ANM – Agência Nacional de Mineração
ANP – Agência Nacional do Petróleo, Gás Natural e Biocombustíveis
ANS – Agência Nacional de Saúde Suplementar
ANTAQ – Agência Nacional de Transportes Aquaviários
ANTT – Agência Nacional de Transportes Terrestres
ANVISA – Agência Nacional de Vigilância Sanitária
art. – artigo
ARTESP – Agência Reguladora de Transportes do Estado de São Paulo
BID – Banco Interamericano de Desenvolvimento
CADE – Conselho Administrativo de Defesa da Concorrência
CC/02 – Código Civil de 2002
CHESF – Companhia Hidrelétrica do São Francisco
CPC/15 – Código de Processo Civil de 2015
CR/1988 – Constituição da República Federativa do Brasil de 1988
CVM – Comissão de Valores Mobiliários
EC – Emenda Constitucional
EUA – Estados Unidos da América
ICC – Interstate Commerce Commission
inc. – inciso
OCDE – Organização para Cooperação e Desenvolvimento Econômico
PPP – Parceria Público-Privada de que trata a Lei nº 11.079/2004
STF – Supremo Tribunal Federal
STJ – Superior Tribunal de Justiça
UFMG – Universidade Federal de Minas Gerais

SUMÁRIO

PREFÁCIO

Foi com enorme alegria que recebi o convite do Professor Gabriel Ribeiro Fajardo para prefaciar a obra *Agências Reguladoras e contratos de concessão: interação na regulação dos serviços públicos concedidos*, fruto da sua dissertação de mestrado, apresentada na Universidade Federal de Minas Gerais.

O meu primeiro contato com a obra se deu antes mesmo de conhecer o autor. A dissertação foi gentilmente compartilhada pela Professora Cristiana Fortini, responsável pela orientação da tese. Após a leitura do texto, não tive dúvidas da qualidade do trabalho, tendo indicado como leitura obrigatória na disciplina Teoria dos Contratos Públicos na Regulação, que tenho a honra de lecionar no PPGD da FGV Direito Rio.

O eixo central do livro consiste em examinar um problema regulatório pouco debatido pela academia, pelo Governo e pelo mercado, mas que apresenta inegável relevância prática: faz sentido as Agências Reguladoras atuarem como Poder Concedente nos contratos de concessão?

No plano federal, em especial, normalizou-se nos contratos de concessão que as Agências Reguladoras figurem nos contratos de concessão como representantes da União. Em termos de desenho regulatório, julgo que esse não parece ser o formato mais adequado, já que as Agências Reguladoras, na sua essência, nascem como entes independentes e autônomos do Poder Concedente. Visam ao equilíbrio sistêmico do setor regulado. Na minha percepção, o modelo regulatório acaba sendo distorcido, com a regulação por contrato e a regulação por Agência embaralhando-se indevidamente, perdendo-se a desejável equidistância e neutralidade dos entes reguladores.

Foi esse o desafio assumido na obra que ora tenho a satisfação de apresentar. O autor contextualiza o sistema de dupla regulação no Brasil examinando como a interação entre a regulação por contrato e a regulação por Agência se originou. Além do enquadramento teórico do tema – amparado nas precisas lições do Professor de Coimbra Pedro Costa Gonçalves –, o autor consegue fazer com maestria um paralelo entre o ressurgimento dos contratos de concessão no Brasil e o momento da criação das Agências Reguladoras, quando ocorre na prática brasileira a interação mais ativa entre a regulação por contrato e por agência.

A obra não se furta a apresentar os argumentos jurídicos das duas posições, em especial a que fundamenta o modelo federal das Agências Reguladoras atuarem em nome do Poder Concedente nos contratos de concessão. Entretanto, mesmo reconhecendo como legítima a opção federal, seja no espectro político ou mesmo jurídico, o autor conclui que *"é preciso reconhecer, contudo, que se a criação das agências reguladoras no direito brasileiro decorreu de uma necessidade premente de previsibilidade, segurança jurídica e independência perante o poder político, especialmente para confortar o investimento privado e garantir serviços adequados à coletividade, este embaralhamento de posições e a indefinição de competências claras vai de encontro à história e razão de ser da regulação independente"*.

O autor propõe, portanto, uma necessária reflexão para que seja reavaliada a convivência entre as Agências Reguladoras e o Poder Concedente, ente responsável pela formulação da política pública. Existem soluções intermediárias que podem e devem ser construídas a partir de uma delimitação mais concreta das respectivas competências.

O sistema de dupla regulação (por contrato e por Agência) ainda carece de maior investigação acadêmica, assim como a própria confusão de competências entre Poder Concedente e Agências Reguladoras no plano federal. A obra se propõe a colocar luzes sobre a discussão, a partir de uma visão teoricamente estruturada e com uma indispensável abordagem prática.

A maturidade da obra guarda relação com a própria experiência profissional do autor, que vivencia a realidade dos desafios da infraestrutura brasileira. Gabriel Fajardo foi Secretário de Estado Adjunto de Parcerias e Concessões do Estado do Rio Grande do Sul e Secretário de Estado Adjunto da Reconstrução Gaúcha no momento de um dos maiores desastres climáticos vivenciados em nosso país, ocupando agora a relevantíssima função de Diretor de Parcerias e Concessões da Companhia de Desenvolvimento do Estado de Minas Gerais (CODEMGE).

Para além disso, o autor também acumula laços estreitos com a academia, sendo Professor Convidado da Fundação Dom Cabral e Professor no Insper – Programa Avançado de Gestão Pública. A boa e infalível junção entre teoria e prática, que se anunciam com a prazerosa leitura da obra.

Tenho, portanto, o privilégio de prefaciar o livro de um profissional que atua no setor de infraestrutura e partilha a preocupação de que precisamos discutir e debater com maior profundidade as interações entre a regulação por contrato e a regulação por agência.

O enquadramento do tema está inserido na moldura do Direito Administrativo Contemporâneo, com a compreensão moderna dos contratos públicos como mecanismo de regulação e do reconhecimento da sua natureza incompleta – aporte esse oriundo da Análise Econômica do Direito –, que ajudam a entender a fundamental atuação do regulador naquilo que convencionei chamar de função integrativa das Agências nos sistemas de dupla regulação.

Enfim, tenho a absoluta convicção de que a obra que tenho a honra de prefaciar enfrenta tema complexo e muito pouco debatido, mas cuja importância prática é central para o aprimoramento do modelo regulatório brasileiro. Convido a todos que se encantam pelos desafios da regulação e da infraestrutura brasileira a ler com muita atenção o que Gabriel Fajardo nos tem a dizer.

Flávio Amaral Garcia

Doutor em Direito Público pela Universidade de Coimbra;
Professor de Direito Administrativo da Fundação Getulio Vargas – RJ.

APRESENTAÇÃO

As agências reguladoras foram uma importante novidade na arquitetura institucional da Administração Pública brasileira. Mais do que um aceno ao mercado, em um contexto em que o Brasil buscava a atração de investimento privado para suprir gargalos de infraestrutura, as agências passaram a cumprir um importante papel no enlace contratual entre poder público e concessionárias de serviços públicos.

Criadas por leis esparsas, sem uniformidade no feixe de competências a elas atribuídas pelo legislador, o movimento de criação das agências reguladoras trouxe discussões que não encontram respostas óbvias: Qual é a melhor distribuição de atribuições públicas dos atores que se relacionam em uma concessão? Quais são as vantagens e desvantagens de se ter as agências reguladoras como poder concedente em contratos de concessão?

Fruto de sua dissertação de mestrado na Universidade Federal de Minas Gerais, neste livro, Gabriel Fajardo debate a interface entre agências reguladoras e contratos de concessão buscando historicizar a convivência dessas figuras e propondo uma reflexão sobre a arquitetura institucional dos papéis desempenhados pelos entes públicos. A obra trata, de fato, de tema não costumeiramente abordado na literatura especializada, dando importante contribuição ao cenário regulatório nacional.

Há, em verdade, um cardápio de opções na experiência brasileira. Há aquelas agências que elaboram editais de concessão, realizam audiências públicas, conduzem a licitação do projeto e assinam o contrato de concessão – atuando como poder concedente e conduzindo as políticas públicas e regulatórias ao longo da avença. Há, por outro lado, aquelas que se unem ao contrato como intervenientes-anuentes de um contrato fruto de delegação realizada pelo ente político, restritas aos papéis fiscalizatórios e gerenciais, afastadas das decisões relacionadas às políticas públicas.

É a partir dessas experiências que o presente livro debruça sua análise, sem perder de vista as motivações e a origem das agências reguladoras quando do seu nascimento no direito administrativo brasileiro.

Cristiana Fortini

INTRODUÇÃO

Em contexto de atração do capital privado para o investimento em infraestrutura, o Brasil buscou nacionalizar o modelo de agências reguladoras. A necessidade de um ambiente tecnicamente estável, sem as interferências próprias dos ciclos políticos, incentivou a criação de entidades apartadas do poder político.

Os anos 1990 despontaram como a década das grandes alterações para a administração pública nacional. As agências reguladoras não foram um movimento isolado, circunstancialmente considerado, mas antes uma iniciativa contextualizada, com fortes inspirações estrangeiras e legatárias de uma ampla reforma engendrada para modificar as engrenagens do Estado brasileiro.

O objetivo deste livro é olhar para as agências reguladoras em uma visão ampliada: no primeiro capítulo, pretende-se recuperar a gênese dessas entidades no Brasil, o contexto em que surgiram e o propósito para o qual foram vocacionadas. Investiga-se, sobretudo, a inspiração norte-americana do modelo de regulação, destacando-se, no entanto, as idiossincrasias que distinguem sumariamente a atuação dessas entidades em contexto estrangeiro e nacional, bem como o ambiente político e econômico para suas respectivas criações.

O modelo norte-americano, embora fundamental para se compreender a função regulatória por agência, distingue-se do modelo nacional em vários aspectos. As agências reguladoras foram gestadas no Brasil a partir de um contexto muito específico: prenunciadas pela reforma do Estado e pela transmutação de um papel prestacional a um perfil regulador sobretudo no âmbito dos serviços públicos.

A partir da nova ordem constitucional e com as contas públicas premidas para a realização de tantos investimentos necessários, o enlace público-privado poderia, de um lado, diminuir o gasto estatal e, de outro, aportar recursos privados à realização de grandes projetos, nas mais diversas áreas cujos serviços são de titularidade do Poder Público.

Assim, a partir das concessões, investimentos de grande monta e de longo prazo poderiam ser realizados, garantindo ao usuário final serviços adequados e ao Estado a realização de suas tarefas públicas sem uma execução direta e onerosa. Por isso, debate-se no primeiro capítulo como as agências reguladoras e o equilíbrio entre os interesses público e privado poderiam ambientar o capital privado e o atingimento dos fins públicos. Para tanto, é necessário percorrer os objetivos que originaram a criação de tais entidades e como, atualmente, elas se espraiam no organograma da administração pública brasileira.

Criadas após a Lei nº 8.987/1995 e as concessões de serviços públicos no direito brasileiro, as agências passaram a se integrar na relação contratual com as concessionárias de serviços titularizados pelo Estado. Assim, foi a partir de vínculos de longo prazo, com significativos riscos envolvidos, em contratos com grande margem de mutabilidade e com diversos interesses enredados, que a regulação passou a ser exercida.

À regulação por contrato – que sempre existiu e sempre existirá, independentemente ou não da criação de quaisquer entidades reguladoras – somou-se a regulação por agência, com instrumentos, requisitos e fundamentos próprios para seu exercício. Como as agências reguladoras foram criadas por leis específicas, setoriais, e respeitando-se a autonomia federativa de organização administrativa, nem todas as delegações contam com a figura da agência na relação público-privada. Todavia, especialmente no âmbito federal, as agências reguladoras passaram a assumir importante papel no dia a dia das concessões que já vinham sendo realizadas pela União, bem como passaram a exercer funções inclusive na elaboração e na condução dos estudos que originariam os futuros editais de delegação.

Assim, se no primeiro capítulo procura-se debater por que as agências foram criadas, no segundo capítulo busca-se compreender como ou com quais instrumentos essas agências atuam, analisando-se quais são as características essenciais dos contratos de concessão e como a regulação por agência pode exercer papel complementar e integrativo.

Já no terceiro capítulo, busca-se compreender a quem o direito brasileiro atribuiu o papel de poder concedente nas concessões e no que ele consiste, com o intuito de depurar como as agências, por meio de suas próprias leis criadoras, passaram a exercer funções amplas e, por vezes, sombreadas com o titular do próprio serviço delegado.

É diante de tal configuração e sobretudo a partir de uma análise contextual da relação público-público que se busca, ainda, compreender a relação entre a definição da política pública e a regulação dos serviços concedidos.

O objetivo do presente livro é, portanto, perquirir o seguinte tema: deveriam as agências reguladoras assumir o papel de poder concedente nos contratos de concessão?

Então, com base no percurso histórico que busca recuperar os fundamentos e a origem para o surgimento das agências reguladoras no Brasil (Capítulo 1), e analisando-se os instrumentos e o objeto de regulação dessas entidades (Capítulo 2), bem como compreendendo quais são as possibilidades, limites e configurações do que é ser poder concedente no direito brasileiro (Capítulo 3), procurar-se-á entender quais são as melhores práticas para o papel das agências reguladoras nos serviços delegados.

CAPÍTULO 1

SURGIMENTO E FUNDAMENTOS DAS AGÊNCIAS REGULADORAS NO BRASIL

A criação do modelo de agências reguladoras no direito brasileiro é resultante de uma série de influxos internos e externos que apostaram em uma nova organização administrativa como arranjo institucional apto a enlaçar relações público-privadas de longo prazo. Essa origem, contudo, foi inspirada por diversos movimentos nacionais e estrangeiros, os quais se analisam na sequência.

1.1 O modelo norte-americano e o modelo de agências no Brasil

O modelo de agências norte-americano é antecessor a qualquer experiência latino-americana ou mesmo europeia. O aumento da complexidade das relações econômicas, especialmente decorrentes da crescente industrialização no país, somado à concentração de riquezas e ao exercício de cartéis nas atividades empresariais, desafiou o modelo criado anteriormente de organização administrativa norte-americana.[1]

De forma crescente, o exercício do clássico liberalismo norte-americano foi sendo colocado em xeque pela necessidade mínima de acompanhamento burocrático das atividades econômicas. Vem daí, da

[1] "No desenho institucional federativo e tripartite norte-americano, idealizado pelos Framers, as atividades das agências não se confundem com os três poderes estabelecidos (Legislativo, Executivo e Judiciário), transcendendo os conceitos clássicos da teoria da separação de poderes" (GUERRA, Sérgio. *Agências Reguladoras*: da organização administrativa piramidal à governança em rede. 2. ed. Belo Horizonte: Fórum, 2021. p. 58).

criação de novas entidades e do reforço do aparelho estatal, o conceito de Estado administrativo, surgido da inadequação da forma tripartite clássica de exercício do poder do Estado (Legislativo, Executivo e Judiciário) para lidar com os complexos problemas modernos.[2] Nesse sentido, afirma Marver Bernstein que:

> A regulação pública das atividades comerciais desenvolveu-se como uma reação ao processo de mudança industrial e econômica que alterou drasticamente a forma da sociedade americana. Os avanços tecnológicos aumentaram a taxa de industrialização, bem como a urbanização da população Embora a imigração no final do século XIX tenha sido absorvida por todo o país, as cidades e as novas áreas industriais foram os principais pontos de fixação dos imigrantes.[3]

Assim, como resultante desse processo de profunda transformação econômica e social, data do fim do século XVIII a criação da primeira agência norte-americana, por meio do Interstate Commerce Act. Trata-se da Interstate Commerce Commission (ICC), surgida em 1889 para regulação do sistema ferroviário norte-americano.

A introdução do modelo de agências na organização administrativa americana, contudo, não foi suficiente para fidelizar essa forma de estruturação burocrática para regulação das atividades econômicas. Embora a ICC tenha sido a primeira experiência com o modelo, foi apenas após a Primeira Guerra mundial e a crise financeira trazida a partir de 1929 que os Estados Unidos da América (EUA) introduziram as agências como modelo de maior intervencionismo estatal. Somente

---

[2] Sérgio Guerra detalha o movimento de criação e reforço do Estado Administrativo norte-americano a partir de vários eventos ocorridos nos Estados Unidos que desafiaram o modelo concebido pelos Founding Fathers. Narra o autor que, entre o fim do século XIX e início do século XX, as cidades norte-americanas ficaram superpovoadas, as condições sanitárias e de trabalho dos operários eram péssimas etc. Assim, durante o governo do presidente Theodore Roosevelt criou-se a estratégia dos "três Cs" (*corporations, consumer protection and conservation*), endereçando-se preocupações sociais e, ao mesmo tempo, a preocupação com o desenvolvimento dos negócios. A partir de então, vários foram os governos que se sucederam, nesse período progressista, reforçando estruturas burocráticas de maior cunho intervencionista. Nesse sentido, ver: GUERRA. *Op. cit.*, 2021, p. 45-54.

[3] No original: "*Public regulation of business affairs developed as a reaction to the process of industrial and economic change that has drastically altered the shape of American society. Technological advances increased the rate of industrialization, as well the urbanization of the population. While have immigration in the later part of the nineteenth century was absorbed throughout the country, the cities and the new industrial areas where the principal points of immigrants settlement*" (BERNSTEIN, Marver H. *Regulating business by independent commission*. New Jersey: Princeton University Press, 1995. p. 16).

com as políticas do *New Deal* a moderna agência reguladora se tornou um elemento característico da administração pública norte-americana.

Gustavo Binenbojm observa que é justamente nessa época, especialmente durante os anos 1930, que a proliferação das agências reguladoras independentes deu-se "não apenas como fruto da crença na capacitação técnica e no melhor posicionamento da administração pública", mas também "da necessidade de driblar os entraves à regulação opostos por um Judiciário predominantemente conservador".[4] Era necessário apresentar uma resposta ao sistema de tripartição de poderes já capturado por disputas políticas, de forma a garantir que a intervenção econômica fosse independente, precursora de um novo arranjo institucional. Segundo Binenbojm:

> As agências reguladoras se afirmam, portanto, no cenário político norte-americano, como entidades propulsoras da publicação de determinados setores da atividade econômica, mitigando as garantias liberais clássicas da propriedade privada e da autonomia da vontade.[5]

Assim é que, embora surgido no findar do século XIX, o modelo de agencificação nos EUA se proliferou e se estabeleceu a partir de marcadores históricos e macroeconômicos muito específicos. A importância das agências para aquele momento, contudo, não impossibilitou que o modelo viesse a ser introduzido e adaptado à própria organização burocrática norte-americana.

Atualmente, embora existam agências que guardam similitude com aquelas que surgiram sobretudo a partir da década de 1930 com objetivos muito específicos, já que, conforme indica Binenbojm, "a implementação de uma plataforma social-democrata, proposta pelo New Deal, só se tornou possível com a criação de agências reguladoras insuladas de pressões políticas conservadoras e dotadas de competências amplamente discricionárias",[6] essas estruturas (*agency*) se espraiaram pela administração pública norte-americana com os mais diversos objetivos e características funcionais. Sérgio Guerra, por exemplo, categoriza três tipos de agências atualmente presentes na administração

---

4 BINENBOJM, Gustavo. Agências reguladoras independentes e democracia no Brasil. *Revista de Direito Administrativo*, Rio de Janeiro, p. 150, 2005. Disponível em: https://bibliotecadigital.fgv.br/ojs/index.php/rda/article/view/43622. Acesso em: 7 jul. 2025.

5 *Ibidem*.

6 *Ibidem*, p. 152.

pública norte-americana: agências executivas (independentes ou não), corporações e agências reguladoras (independentes ou não).[7]

As delimitações dessas entidades na burocracia dos EUA não seguem as características clássicas sobre as quais a administração pública brasileira – influenciada sobretudo pelo modelo francês – foi se conformando. Assim é que não há como buscar identificação entre tais estruturas com o que se estuda na organização administrativa nacional.[8] O mais próximo disso, segundo Guerra, seria defender que "no modelo estadunidense, as agências representam o que denominamos, no Brasil, administração pública descentralizada, dotadas de efetiva autonomia gerencial".[9]

Independentemente, contudo, de como tenha se espraiado o modelo de agencificação norte-americano e como tais estruturas se conformaram ao longo do tempo, é importante destacar nessa experiência comparada uma inspiração para o movimento que germinou no Brasil a partir da década de 1990. Em que pesem os movimentos macroeconômicos e políticos distintos, a motivação de ambas as experiências se irmana na busca pela maior autonomia técnica e efetividade da função administrativa específica. Como visto, contudo, o movimento nos Estados Unidos intensificou-se, sobretudo, a partir do maior intervencionismo do Estado na seara econômica.

O contexto brasileiro foi especialmente diferenciado nesse aspecto. Notadamente a partir de uma nova política econômica de desestatizações e parcerias com o setor privado, a criação das agências reguladoras, no Brasil, teve como marca inicial de sua gênese a sinalização de atração do investimento de mercado.

---

[7] GUERRA. *Op. cit.*, 2021, p. 97.

[8] Não é o objetivo do presente trabalho realizar uma imersão sobre como o modelo de agências hoje se conforma na burocracia norte-americana. Contudo, é importante reconhecer a importância das agências para aquele país e como cada uma dessas entidades tem especificidades que não comportam a mera reprodução para uma categoria da administração pública brasileira. As agências estadunidenses estão espraiadas por vários setores e funções. Conforme esclarece Marçal Justen Filho ao comentar a temática: "O Direito de cada Estado reflete suas peculiaridades culturais, econômicas, políticas, sociais e assim por diante. Os ordenamentos jurídicos dos diversos Estados apresentam diferenças inconfundíveis, que inviabilizam a pura e simples importação de um instituto estrangeiro. A adoção da experiência jurídica alienígena pressupõe sua compatibilidade com a ordem jurídica nacional e pressupõe, com exigência inafastável, sua configuração aos princípios e regras que estruturam o Direito pátrio" (JUSTEN FILHO, Marçal. *O Direito das Agências Reguladoras Independentes.* São Paulo: Dialética, 2002).

[9] GUERRA. *Op. cit.*, 2021, p. 97.

Não se tratava de uma maior necessidade de intervencionismo estatal, mas, ao contrário, de se inaugurar um ambiente tecnicamente seguro e estável, no qual o capital privado estaria protegido dos significativos riscos políticos próprios de um país que menos de uma década antes acabava de pôr fim ao regime ditatorial. Nesse sentido, há uma oposição ao sistema dos EUA, como indica Binenbojm:

> O contexto político, ideológico e econômico em que se deu a implantação das agências reguladoras no Brasil, durante os anos de 1990, foi diametralmente oposto ao norte-americano. Com efeito, o modelo regulatório brasileiro foi adotado no bojo de um amplo processo de privatizações e desestatizações, para o qual a chamada reforma do Estado se constituía em um requisito essencial. É que a atração do setor privado, notadamente do capital internacional, para os investimentos nas atividades econômicas de interesse coletivo e serviços públicos objeto do programa de privatizações e desestatizações estava condicionada à garantia de estabilidade e previsibilidade das regras do jogo nas relações dos investidores com o Poder Público.[10]

Assim, embora, de fato, se possa falar no modelo norte-americano de agências como uma primeira experiência e inspiração para o Brasil, não há como aproximar ambos os modelos como estruturas siamesas, particularmente em virtude das significativas distinções das finalidades para as quais foram concebidos.[11] A seguir, portanto, serão detalhados os pilares para a vinda das agências reguladoras ao Brasil.

---

[10] BINENBOJM. *Op. cit.*, p. 152.

[11] Sérgio Guerra conclui da seguinte forma sobre as limitadas semelhanças entre o modelo de agências norte-americano e brasileiro: "Apenas duas características do amplo e complexos sistemas de agencificação norte-americano foram adotadas no sistema brasileiro, trazendo consigo inúmeras polêmicas sob a ótica constitucional: (i) mandato fixo (tenure) para os dirigentes das Agências Reguladoras, com prazos não coincidentes entre os membros do colegiado, e (ii) independência decisória, com relação ao Chefe do Poder Executivo". E, ao fim, arremata: "Em suma, a burocracia brasileira, mesmo com o advento das Agências Reguladoras (autarquias especiais), permanece com um modelo diferente do sistema burocrático estadunidense. Os dois modelos partem de estruturas de governabilidade e de governança completamente diferentes. Apenas uma pequena parte do desenho institucional, que atribui mandato aos dirigentes e autonomia decisória à Agência Reguladora, foi copiada do modelo americano pelo Brasil, confirmando a hipótese investigada nesta obra" (GUERRA. *Op. cit.*, 2021, p. 249-250).

1.2 Os pilares para a vinda das agências reguladoras para o Brasil e a importância da independência

O surgimento das agências reguladoras no Brasil não foi precursor como implementador de uma nova ordem administrativa: ao contrário, foi caudatário de experiências pregressas vividas por outras nações, nas quais houve forte inspiração para esse movimento nacional. Entretanto, o surgimento dessas entidades também não pode ser resumido a uma mera reprodução de modelos estrangeiros. Houve, sim, uma verdadeira adaptação dessas inspirações para a realidade nacional.

O momento socioeconômico que o Brasil vivia, sobretudo na década de 1990, e o contexto de maior permeabilidade das relações públicas e privadas e de abertura ao investimento estrangeiro foram marcos importantes para a tropicalização do modelo de agências. As agências reguladoras não surgiriam no Brasil sem que houvesse um ambiente institucional, político, jurídico e econômico que proporcionasse a criação dessas entidades. O movimento, aliás, era para além das fronteiras brasileiras: diversas nações vivenciavam um redesenho da estrutura do Estado.

A incursão histórica e a investigação dos precedentes que se farão neste tópico não são fortuitas; elas são importantes para a compreensão contextualizada das razões pelas quais novos entes foram pensados e como o conceito de independência está no cerne de sua concepção.[12] Nesse sentido, a criação das agências reguladoras insere-se em um quadro de transmutações não apenas da estrutura administrativa do Estado, mas também da reformulação das funções da administração

---

[12] Vale-se, neste trabalho, do conceito de independência trazido pelo Relatório: "Independência é também um conceito multifacetado. O conceito usualmente busca distanciar o desenho e execução da função regulatória de muitas das pressões administrativas e políticas do governo. Paralelamente, independência implica não envolvimento da agência com os interesses dos regulados – produtores, consumidores e outros agentes no domínio regulatório. Há uma certa correlação entre cada um desses relacionamentos e o arranjo institucional a partir do qual a regulação é concebida e posta em prática. Assim, sob essa abordagem complexa, a transparência de regras é fundamental para assegurar a independência no exercício e no resultado das funções regulatórias". Sobre a relação da independência com a autonomia, entende-se que esta é instrumental para a consecução da vocação independente das agências reguladoras. É dizer: apenas com a autonomia financeira, administrativa, decisória e seus instrumentos correlatos é que as agências terão condições fáticas e materiais para exercer independentemente suas funções (BRASIL. Presidência da República. *Relatório Final do Grupo de Trabalho Interministerial*. Análise e Avaliação do Papel das Agências Reguladoras no Atual Arranjo Institucional Brasileiro. Brasília, DF: Presidência da República, 2003. p. 13).

pública e da compreensão das formas e instrumentos aptos à realização dos interesses sociais.

Embora, no Brasil, as agências reguladoras tenham surgido em um movimento esparso, elas são legatárias de uma série de transformações que buscavam, de um lado, fomentar a atividade privada e os instrumentos de parceria como realizadores dos serviços a cargo do Estado, trazendo segurança jurídica e previsibilidade, e, de outro, o prestígio aos interesses e aos direitos dos administrados. Se o papel do Estado passava por profunda alteração, era preciso também garantir instrumentos efetivos para a concretização do interesse público. A estratégia de criação das agências reguladoras foi contemporânea à gênese de diversos outros mecanismos para a realização das atividades públicas.

Não é possível, por isso, apontar um único motivo ou fator decisivo para o surgimento dessas entidades no direito brasileiro e para a alteração da organização administrativa da administração pública brasileira. Antes, é necessário compreender uma série de fatos históricos e de reflexões de origem teórica e prática que atuaram como elementos conformadores de uma nova ordem nacional – influenciada, é claro, pelo modelo estrangeiro, conforme visto, mas também permeada por idiossincrasias próprias da realidade brasileira, que serão vistas a seguir.

1.2.1 Plano de reforma do aparelho do Estado

Em 1995, ao assumir a Presidência da República, Fernando Henrique Cardoso criou o Ministério da Administração Federal e Reforma do Estado, um prenúncio do que o ex-presidente pensava para uma nova administração pública brasileira. À frente do Ministério, foi nomeado o tesoureiro da campanha psdbista, Luiz Carlos Bresser-Pereira, com longa trajetória no setor privado, em especial no grupo Pão de Açúcar, ao lado de Abílio Diniz.

No início da segunda metade da última década do século XX, diversas experiências mundiais se debruçavam sobre as estruturas do Estado. Nos EUA, David Osborne havia lançado o livro *Reinventando o Governo*, que norteava as ações do ex-presidente americano Bill Clinton e seu vice-presidente, Al Gore. Nomeado para o ministério brasileiro, Bresser-Pereira buscou nessas referências um norteador do plano de uma nova administração pública brasileira. Além de conversar com Osborne, o então ministro foi a Londres e à Nova Zelândia conhecer os movimentos vivenciados por aqueles países, chegando a afirmar que:

> É claro que não comecei do nada. Parti das fundações de direito privado que foram criadas pela Reforma Desenvolvimentista de 1967, das reformas que estavam ocorrendo no Reino Unido, nos Estados Unidos, na Nova Zelândia e na Austrália, da teoria que estava então sendo esboçada, a New Public Management.[13]

Mesmo se baseando no que ocorria ao redor do mundo, frise-se que a reforma administrativa brasileira da década de 1990 foi além: não se tratava de redesenho apenas da máquina estatal, mas também da posição do Estado perante as atividades que deveria desempenhar. A Teoria da Reforma Gerencial, engendrada nesse movimento, dividia as atividades do Estado em exclusivas – quando envolviam o poder de Estado – e não exclusivas. Essa conceituação delimitaria as formas de execução das atividades pelo Estado: se diretamente ou por meio de organizações públicas não estatais com as quais o Estado teria um vínculo – o contrato de gestão.

A partir de então, a Reforma, concebida por Bresser-Pereira, seria submetida à Câmara da Reforma do Estado, composta do Ministro Chefe da Casa Civil (presidente da comissão), Clóvis Carvalho; pelo próprio Ministro da Administração Federal e Reforma do Estado, Luiz Carlos Bresser-Pereira; pelo Ministro do Trabalho, Paulo Paiva; pelo Ministro da Fazenda, Pedro Malan; pelo Ministro do Planejamento e Orçamento, José Serra; e pelo Ministro Chefe do Estado-Maior das Forças Armadas, General Benedito Bezerra Leonel.

O Plano Diretor da Reforma do Estado foi elaborado pelo Ministério da Administração Federal e da Reforma do Estado e aprovado pela Câmara da Reforma do Estado e, posteriormente, pelo próprio Presidente da República.

O Plano já havia sido precedido por uma série de alterações do texto constitucional, as quais traziam novos desafios para a administração pública e conclamavam ainda mais a participação da iniciativa privada na prestação dos serviços públicos. Os desafios causados pela crise fiscal e pela necessidade do contínuo atendimento das demandas públicas premiam a Administração Estado para o repensar de sua estrutura,[14] em um movimento que, conforme visto, já havia sido iniciado por outras nações estrangeiras. Nos termos do Plano:

---

[13] VILLAVERDE, João; REGO, José Márcio. *Bresser-Pereira*: rupturas do pensamento. Uma autobiografia em entrevista. São Paulo: Editora 34, 2020. p. 222.

[14] Antes mesmo do Plano Diretor da Reforma do Aparelho do Estado, logo no início do mandato do ex-Presidente Fernando Henrique Cardoso já haviam sido proclamadas a Emenda Constitucional nº 5, de 15 de agosto de 1995, que transferiu aos Estados a

> É importante ressaltar que a redefinição do papel do Estado é um tema de alcance universal nos anos 90. No Brasil esta questão adquiriu importância decisiva, tendo em vista o peso da presença do Estado na economia nacional: tornou-se, consequentemente, inadiável equacionar a questão da reforma ou da reconstrução do Estado, que já não consegue atender com eficiência a sobrecarga de demandas a ele dirigidas, sobretudo na área social. A reforma do Estado não é, assim, um tema abstrato: ao contrário, é algo cobrado pela cidadania, que vê frustradas suas demandas e expectativas.[15]

Para os arquitetos da Reforma do Estado, o movimento engendrado na década de 1990 não foi uma agenda neoliberal, que buscava recuperar a intenção do Estado mínimo; ao contrário, foi anunciado como uma negativa a essas intenções "irrealistas" e "utópicas".[16] A reforma do Estado pretendia, na verdade, uma reconfiguração da administração pública verticalizada, piramidal, burocraticamente ineficiente.

As novas funções assumidas pelo Estado o pressionavam para uma reorganização estrutural, de forma a prepará-lo para responder às novas demandas. Se o Estado liberal era marcado majoritariamente por um viés abstencionista, de inação estatal, com proteção da liberdade e da propriedade, os novos tempos não permitiam a letargia e a inércia.

No início do século XIX, fazia sentido a existência do controle formal dos procedimentos, da hierarquia, do procedimento burocrático, tendo em vista o desenho no qual o Estado apenas agia de forma a proteger, em suma, a liberdade e a propriedade. Após as duas grandes guerras mundiais, com uma grande crise econômica globalizada, o Estado havia assumido funções socialmente sensíveis, e, com isso, a administração pública se avolumou. O surgimento de um Estado de Bem-Estar Social apostou na estrutura pública como provedora direta dos direitos sociais. Era necessário dar uma resposta às necessidades

---

competência para exploração diretamente, ou mediante concessão, dos serviços públicos de distribuição de gás canalizado; a nº 6, de 15 de agosto de 1995, que pôs fim à distinção entre capital nacional e o estrangeiro; a nº 7, de 15 de agosto de 1995, que tratou da abertura para navegação de cabotagem; e a nº 8, de 15 de agosto de 1005, que flexibilizou o monopólio dos serviços de telecomunicações e de radiofusão sonora e de sons e imagens.

15 BRASIL. Presidência da República. *Plano Diretor da Reforma do Aparelho do Estado*. Brasília: Presidência da República, Câmara da Reforma do Estado, Ministério da Administração Federal e Reforma do Estado, 1995. p. 10. Disponível em: www.biblioteca.presidencia.gov.br/publicacoes-oficiais/catalogo/fhc/plano-diretor-da-reforma-do-aparelho-do-estado-1995.pdf. Acesso em: 7 jul. 2025.

16 *Ibidem*.

do povo, e a limitação da ação estatal, típica do período liberal, não era suficiente.

A necessidade de o Estado se envolver mais diretamente na execução das atividades econômicas e na prestação dos serviços públicos ocasionou a geração de um Estado Providência, que prestigiava a atuação estatal e reservava aos particulares o desempenho de atividades que não se relacionavam com a oferta de comodidades e benefícios ao cidadão.

Fernando Abrucio[17] relata que esse novo Estado tinha três dimensões: a primeira dimensão era a keynesiana, com ativa intervenção estatal na economia, busca do pleno emprego e atuação em setores estratégicos para o desenvolvimento nacional. Na dimensão social, falava-se no *Welfare State*, cujo objetivo principal era a produção de políticas públicas na área social, como saúde e educação, em prol das necessidades sociais. Por fim, a dimensão relacionada ao funcionamento interno do Estado, ainda fundado em um modelo burocrático weberiano, continha o Estado em benefício da impessoalidade, da neutralidade e da racionalidade. Esta última dimensão, contudo, se demonstrava insuficiente para comportar todas as novas funções assumidas pelo Poder Público, já que a contenção própria do liberalismo não mais se enquadrava em um novo Estado formatado para um papel prestacional. Assim:

> (...) quando, no século XX, o Estado ampliou seu papel social e econômico, a estratégia adotada pela administração pública burocrática – o controle hierárquico e formalista dos procedimentos – provou ser inadequada. (...) Ela fazia sentido no tempo do Estado liberal do século XVIII: um Estado pequeno dedicado a proteção dos direitos de propriedade; um Estado que só precisava de um Parlamento para definir as leis, de um sistema judiciário e policial para fazer cumpri-las, de forças armadas para proteger o país do inimigo externo, e de um ministro das Finanças para arrecadar impostos. (...) Agora, ao invés de três ou quatro ministros, era preciso ter 15 ou 20. Ao invés de uma carga de impostos correspondente a 10% do PIB, necessitava-se de impostos que representavam de 30 a 60% do PIB.[18]

---

17 ABRUCIO, Fernando Luiz. O impacto do modelo gerencial na administração pública: um breve estudo sobre a experiência internacional recente. *Cadernos ENAP*, Brasília, n. 10, p. 6, 1997.

18 BRESSER-PEREIRA, Luiz Carlos. Estratégia e estrutura para um novo Estado. *Brazilian Journal of Political Economy* [*online*], v. 17, n. 3, p. 343-357, 1997. Disponível em: www.scielo.br/j/rep/a/5GLG9Nj8PTg5nzpXDh9Nmmy/?lang=pt. Acesso em: 7 jul. 2025.

A assunção de papel de executor direto pelo Estado e o tamanho da estrutura pública levaram a uma crise fiscal. A impossibilidade de o Estado realizar todas as atividades necessárias ao atendimento das demandas sociais revelou-se por meio dos passivos orçamentários e da insatisfação marcante diante dos compromissos assumidos e das obrigações anunciadas. No âmbito político-doutrinário, as ideias de Milton Friedman, líder dos economistas da Escola de Chicago, levantavam a teoria do neoliberalismo, o retorno a um Estado mínimo, garantidor das liberdades individuais, com redução da estrutura da administração pública e dos gastos estatais, por meio de políticas como as privatizações.[19]

No Brasil, o fim da Ditadura Civil-Militar, em 1985, e a institucionalização de uma nova ordem democrática desafiavam a necessidade de modular a derrocada do Estado de Bem-Estar Social com a contínua necessidade de atendimento das demandas coletivas, que não poderiam ficar destinadas apenas à iniciativa privada, sem qualquer controle. Para Bresser-Pereira:

> Hoje, a crítica à administração burocrática tradicional prescinde das divisões político-ideológicas: questiona o Estado tutelador, executor direto e onipresente, mas ineficaz no seu desempenho, prisioneiro de estruturas burocráticas verticalizadas e orientadas pela cultura do controle, do formalismo e do tecnicismo burocrático. O novo Estado que desejamos será orientado pelo modelo da Administração Gerencial, mais ágil, flexível, com ênfase na eficiência, redução de custos, gestão flexível, participação e controle sociais.[20]

Também era necessário dar uma resposta às práticas patrimonialistas, à "privatização do Estado", à "interpermeabilidade dos patrimônios público e privado".[21]

A Constituição da República Federativa do Brasil de 1988 (CR/1988) não havia dado uma resposta a contento em prol de um

---

[19] GUERRA. *Op. cit.*, 2021, p. 248.

[20] BRASIL. Ministério da Administração Federal e Reforma do Estado. *Exposição de motivos para Emendas Constitucionais administrativas*. Brasília: Presidência da República. Ministério da Administração e Reforma do Estado, 1995a. p. 2. Disponível em: https://bresserpereira.org.br/documents/mare/emenda/daEmenta.PDF. Acesso em: 7 jul. 2025.

[21] As expressões são de Luiz Carlos Bresser-Pereira, Ministro da Reforma do Aparelho do Estado (BRESSER-PEREIRA, Luiz Carlos. Gestão do setor público: estratégia e estrutura para um novo Estado. *In*: BRESSER-PEREIRA, Luiz Carlos; SPINK, Peter (org.) *Reforma do Estado e Administração Pública Gerencial*. 3. ed. São Paulo: Fundação Getulio Vargas, 1998. p. 26).

Estado menos intervencionista e mais regulador. Em que pese estar previsto, desde a época da promulgação, que caberá ao Estado ser "agente normativo e regulador da ordem econômica", nos termos do art. 174, ainda restava, para os reformistas, a necessidade de promover uma revisão do texto constitucional.

Como visto, o movimento da reforma da administração pública brasileira, contudo, rechaçava a alcunha do neoliberalismo: não se buscava retornar a um Estado contido, mas sim revisar sua dimensão, seu papel e suas formas de intervenção na sociedade. Surgia então a necessidade de se buscar uma nova formatação para o Estado brasileiro, que substituiria o controle dos procedimentos por uma administração pública de resultados: apenas com a dinamicidade das funções públicas se conseguiria alcançar os objetivos estatais com diminuição do déficit fiscal. Se o abstencionismo próprio do Estado Liberal, de um lado, não servia a um modelo de Estado que se preocupasse com as demandas sociais, dado que a iniciativa privada, por si só, não seria capaz de supri-la, de outro, o modelo de Estado de Bem-Estar Social precisava ser revisto, otimizando-se as estruturas orgânicas da administração pública e inaugurando-se uma nova ordem político-econômica que estabelecesse novas fronteiras na relação com a iniciativa privada e com os cidadãos.

Assim, a Reforma engendrada a partir de 1995 não teve como enfoque apenas a reformatação da dimensão da administração pública ou a busca por problemas de gestão. Discutiram-se, antes, as formas de propriedade e a quem deveria caber o exercício de funções necessárias – ainda que estas não tivessem que ser desempenhadas apenas pela administração pública. Segundo Bresser-Pereira:

> A Teoria da Reforma Gerencial discute as formas de propriedade: pública estatal, pública não estatal, corporativa, e privada; e divide as ações do Estado em exclusivas de Estado, quando envolvem o poder de Estado, e não exclusivas – aquelas que o Estado decide fazer, principalmente na área social e científica, mas não envolvem poder de Estado.[22]

Para o Ministro, as reformas que deveriam ser levadas a cabo diante de um cenário de crise deveriam ter como base (i) a delimitação das funções do Estado, reduzindo sua ingerência a partir da adoção de

[22] VILLAVERDE; REGO. *Op. cit.*, p. 223.

um programa de privatizações, terceirizações e da transferência de serviços sociais e científicos para o chamado "setor público não estatal";[23] (ii) a redução do grau de interferência do Estado por meio de programas de desregulação, de forma que o Estado passasse a ser um promotor da capacidade de competição de mercado em nível internacional; (iii) o aumento da governança do Estado, com a transição da administração pública burocrática à administração pública gerencial; e (iv) o aumento da governabilidade, com a existência de instituições políticas que garantissem a intermediação de interesses e tornassem os governos mais legítimos e democráticos.[24]

Vê-se, portanto, que a Reforma do Estado de 1995 propôs novas formas de o Estado se organizar, dividindo-se as ações a cargo do Poder Público e viabilizando a proposição de parcerias com o setor privado para o desempenho de atividades essenciais à coletividade.

Se de um lado os reformistas identificavam a necessidade de uma administração pública funcionalmente mais dinâmica, olhando para os próprios quadros que a compunham, de outro era fundamental escolher em quais setores fazia sentido o Estado atuar diretamente. Diante disso, iniciou-se um modelo de gestão e descentralização, que será abordado no próximo tópico.

---

23 Conforme se verá, para Bresser-Pereira, havia algumas atividades, em especial no setor social e científico, que, se de um lado não deveriam ser monopolizadas pelo Estado, de outro também não deveriam ser prestadas pela iniciativa privada em regime de livre mercado. Surge um terceiro campo, nominado como "público", mais amplo que o estatal e que traria o surgimento de novas entidades, como as organizações sociais, que seriam públicas não estatais. Tais entidades foram inspiradas no chamados "quangos" ("quase *autonomous non-governmental organizations*"), cuja experiência já havia sido vivenciada em países como Nova Zelândia, Austrália, Reino Unido e Estados Unidos. Nesse sentido, vale o diagnóstico do Ministro Bresser Pereira: "(...) não há razão para que estas atividades permaneçam dentro do Estado, sejam monopólio estatal. Mas também não se justifica que sejam privadas – ou seja, voltadas para o lucro e consumo privado – já que são, frequentemente, atividades fortemente subsidiadas pelo Estado, além de contarem com doações voluntárias da sociedade. Por isso a reforma do Estado nesta área não implica em privatização mas em 'publicização' – ou seja, em transferência para o setor público não estatal. A palavra 'publicização' foi criada para distinguir este processo de reforma do de privatização. E para salientar que, além da propriedade privada e da propriedade estatal existe uma terceira forma de propriedade relevante no capitalismo contemporâneo: a propriedade pública não estatal" (BRESSER-PEREIRA, Luiz Carlos. *A reforma do estado dos anos 90*: lógica e mecanismos de controle. Brasília: Ministério da Administração Federal e Reforma do Estado, 1997. Caderno 1).

24 BRESSER-PEREIRA. *Op. cit.*, 1997.

1.2.2 Administração pública gerencial e a descentralização das atividades do Estado

O diagnóstico de que era preciso reformatar a estrutura do Estado não veio sem referência para a proposição de um novo modelo. O esgotamento da estrutura burocrática weberiana, diante das novas necessidades sociais e da maior participação dos cidadãos nas decisões públicas, já havia prenunciado a necessidade de se revisar o *modus operandi* da máquina estatal.

Em uma sociedade cada vez mais dinamizada, espraiou-se nas experiências comparadas a proposição de um novo modelo de gestão pública. Em todas elas, havia um fator propulsor das reformas propostas: a crise econômica e fiscal mundial havia imposto aos governos a necessidade de diminuição dos gastos públicos e do aparato funcional, mas não havia retirado a importância do atendimento das carências sociais. Era fundamental fazer mais, ou o mesmo, com menos. E isso impunha revisitar os pilares do funcionamento da máquina estatal.

A Grã-Bretanha já havia experimentado situação semelhante nos governos de Margaret Thatcher, no início dos anos 1980. Quando a primeira-ministra britânica foi alçada ao poder, iniciou-se naquele país uma nova ordem em relação ao papel do Estado.

Fernando Luiz Abrucio narra que o modelo weberiano inglês – o chamado *Whitehall* – já apresentava sinais de saturação, quando Thatcher foi alçada ao poder. O lema da primeira-ministra, de *rolling back the state*, foi de encontro às práticas burocráticas britânicas da época.[25]

Fundado na teoria do *managerialism*, o novo modelo britânico buscou no que Abrucio denomina de "gerencialismo puro" a primeira forma de reestruturação da burocracia: o foco, naquele momento inaugural, era corte de custos e de pessoal, aumentando a produtividade e prezando pela produtividade. Os eixos principais da política thatcherista contra a burocracia *whitehall* eram a definição clara das responsabilidades de cada funcionário dentro das agências governamentais; a definição dos objetivos de cada uma das organizações; e a conscientização do *value money* dos recursos públicos.

---

[25] Segundo Abrucio, o relatório inglês da Comissão Fulton, que funcionou de 1966 a 1968, já enumerava uma série de problemas existentes no modelo *Whitehall*. No diagnóstico, foram destacadas a falta de preparação gerencial do serviço civil britânico, a hierarquia excessiva e a falta de contrato entre os burocratas e a comunidade que eles serviam (ABRUCIO. *Op. cit.*, p. 13).

Para os teóricos do gerencialismo puro, o programa de Thatcher deveria se centrar em replicar para a administração pública o modelo de gestão próprio das empresas privadas, com racionalização dos recursos públicos (inclusive por meio de privatizações), e em buscar a eficiência econômica. Mas esse modelo, ao centrar-se na austeridade das economias públicas, apresentava um déficit no próprio atuar do Poder Público; afinal, gastar pouco não se reverte, necessariamente, em gastar bem. A rigidez em prestigiar políticas de menores dispêndios acabou por enquadrar a ação dos gestores públicos britânicos.

Assim, era fundamental que a administração pública passasse a considerar, também, a qualidade dos serviços públicos e os destinatários da atividade administrativa. Simetricamente, da mesma forma como os instrumentos de gestão privada foram sendo, aos poucos, incorporados à máquina estatal, a centralização do conceito de "consumidor" também se tornou premente. As ações estatais, portanto, como um segundo passo do gerencialismo, passaram a considerar a qualidade dos serviços, para além de sua mera racionalidade econômica. Essa fase, chamada por muitos autores de *consumerism*, buscou avaliar a administração pública sob critérios qualitativos, que condicionariam a remuneração dos servidores, a progressão de carreira e os recursos destinados a cada uma das agências e órgãos de governo. Daí surgia uma nova ordem de transformação administrativa, naquilo que foi intitulado pelos ingleses de *new public management* (NPM). Nesse sentido:

> O programa do NPM pode ser resumido, de forma objetiva, nas seguintes medidas: (i) diminuir o tamanho do Estado, inclusive do efetivo do pessoal; (ii) privatização das empresas e atividades; (iii) descentralização de atividades para os governos subnacionais; (iv) terceirização de serviços públicos (*outsourcing*); (v) regulação de atividades conduzidas pelo setor privado; (vi) transferência de atividades sociais para o terceiro setor; (vii) desconcentração de atividades do governo central; (vii) separação de atividades de formulação e implementação de políticas públicas; (ix) estabelecimento de mecanismos de aferição de custos e avaliação de resultados; (x) autonomização de serviços e responsabilização de dirigentes; (xi) flexibilização da gestão orçamentária e financeira das agências públicas; (xii) adoção de formas de contratualização de resultados; (xiii) abolição da estabilidade dos funcionários e flexibilização da relação de trabalho no serviço público.[26]

---

[26] GUERRA. *Op. cit.*, 2021, p. 157.

No Brasil, o Plano de Reforma do Aparelho do Estado, como visto, já havia sinalizado a necessidade de se alterar as bases do funcionamento da administração pública brasileira: era primordial a substituição de uma administração pública burocrática por uma administração pública gerencial ou uma administração pública por resultados. Nesse sentido, era necessário tanto revisitar o tamanho do Estado e as suas funções quanto criar balizas e parâmetros para o acompanhamento do desenvolvimento daquelas atividades que ficassem a cargo da própria administração pública.

Segundo Bresser-Pereira,[27] os Estados modernos contam com quatro setores: o núcleo estratégico, as atividades exclusivas, os serviços não exclusivos e a produção de bens e serviços para o mercado. O núcleo estratégico seria formado pelo Parlamento, pelos tribunais, pelo presidente ou primeiro-ministro, por seus ministros e pela cúpula de servidores civis, e seria o responsável pela definição das leis, das políticas e seu cumprimento. As atividades exclusivas envolveriam o próprio poder de Estado: "são as atividades que garantem diretamente que as leis e as políticas públicas sejam cumpridas e financiadas".[28] Esse setor seria integrado pelas forças armadas, pela polícia, a agência arrecadadora de impostos, mas também pelas agências reguladoras, as agências de financiamento, fomento e controle dos serviços sociais e da seguridade social. Serviços não exclusivos seriam os que o Estado provê, mas que também podem ser oferecidos pelo setor privado e pelo setor público não estatal – a exemplo dos serviços de educação, saúde, cultura e de pesquisa científica. Já o setor de produção de bens e serviços seria composto das empresas estatais.

No desenho de uma nova administração pública, Bresser-Pereira defende que é por meio das chamadas "agências autônomas" que as atividades exclusivas do Estado poderão ser desempenhadas, enquanto as atividades não exclusivas serão convertidas em "organizações sociais", ambas descentralizadas e controladas pelo núcleo estratégico por meio dos contratos de gestão:

> Nas agências, o ministro nomeará o gerente executivo e firmará com ele o contrato de gestão; nas organizações sociais, o gerente executivo será escolhido pelo conselho, cabendo ao ministro assinar os contratos de

---

[27] BRESSER-PEREIRA, Luiz Carlos. Gestão do setor público: estratégia e estrutura para um novo Estado. *In*: BRESSER-PEREIRA; SPINK (org.) *Op. cit.*, p. 33-36.

[28] *Ibidem*, p. 33.

> gestão e controlar os resultados. Os contratos de gestão deverão prover os recursos de pessoal, materiais e financeiros com os quais poderão contar as agências ou as organizações sociais, e definirão claramente, quantitativa e qualitativamente, os indicadores de desempenho – os resultados a serem alcançados, acordados pelas partes.[29]

Essa nova visão sobre a administração pública – sua estrutura e seu papel – seria acompanhada pela criação de novas figuras, inclusive jurídicas, para o redimensionamento do Estado. Bresser-Pereira chega a defender, inclusive, que o Plano de Reforma do Aparelho do Estado foi calcado em um documento, uma emenda constitucional e uma lei fundamental – justamente a lei que criava as organizações sociais:

> O documento foi o Plano Diretor da Reforma do Aparelho do Estado (1995), uma espécie de livro branco da reforma no qual foram definidas todas as suas principais ideias. A reforma constitucional foi a emenda de 19 de abril de 1998; e a lei, a já referida lei das organizações sociais.[30]

Nos objetivos do Plano de Reforma do Aparelho do Estado, anunciavam-se as ideias para a administração pública, já prenunciando a predileção pela descentralização e pela autonomia dos entes que conduziriam atividades estatais. Veja-se:

> A responsabilização por resultados e a consequente autonomia de gestão inspiraram a formulação deste projeto, que tem como objetivo a transformação de autarquias e fundações que exerçam atividades exclusivas do Estado, em agências autônomas, com foco na modernização da gestão. O Projeto das Agências Autônomas desenvolver-se-á em duas dimensões. Em primeiro lugar serão elaborados os instrumentos legais necessários à viabilização das transformações pretendidas, e um levantamento visando superar os obstáculos na legislação, normas e regulações existentes. Em paralelo, serão aplicadas as novas abordagens em algumas autarquias selecionadas que se transformarão em laboratórios de experimentação.[31]

A reforma não significava a impossibilidade de criação de novas entidades, mas o olhar de vantajosidade para o surgimento de novas estruturas, que deveriam fazer mais com menos. A passagem de um

---

29 *Ibidem*, p. 36.

30 VILLAVERDE; REGO. *Op. cit.*, p. 226.

31 BRASIL. *Op. cit.*, 1995b, p. 59.

Estado provedor para um Estado regulador desafiava a administração pública tal qual estava colocada. Mas, embora a crise fiscal tivesse sido o elemento propulsor de uma série de transformações históricas, não era apenas sob o racional econômico que a reforma seria conduzida:

> Por outro lado, dadas as novas funções, antes reguladoras que executoras: 1) Deve o Estado criar novas instituições? 2) Quais? A resposta a estas perguntas deverá ser menos ideológica e a mais pragmática possível. O que interesse é obter um resultado ótimo, dados recursos escassos. Este resultado, entretanto, não é nem pode ser julgado apenas do ponto de vista econômico. Outros pontos de vista, como os da justiça, da cultura, da segurança, são também essenciais na resposta a estas perguntas.[32]

É nesse sentido que a evolução da administração pública burocrática para a administração pública gerencial traz alguns predicados, que se correlacionam, para esse novo olhar para as funções e a organização do Estado: (i) descentralização política, com recursos e atribuições transpassados para os estados e municípios, quando possível; (ii) descentralização administrativa, por meio da delegação de autoridade para os administradores públicos transformados em gerentes crescentemente autônomos; (iii) organizações com poucos níveis hierárquicos em vez de piramidal; (iv) privilégio da confiança limitada em detrimento da desconfiança total; (v) controle por resultados, *a posteriori*, no lugar do controle rígido dos processos administrativos; e (vi) administração pública com foco no cidadão.[33]

O movimento de descentralização das atividades estatais, contudo, não havia começado apenas na Reforma de 1995. A primeira tentativa teria sido, segundo Bresser-Pereira, em 1967, com a edição do Decreto-Lei nº 200, sob o comando de Amaral Peixoto e a inspiração de Hélio Beltrão, já com enfoque na descentralização e na autonomia da administração pública indireta:[34]

> A reforma iniciada pelo Decreto-Lei 200 foi uma tentativa de superação da higidez burocrática, podendo ser considerada como um primeiro momento da administração geral no Brasil. Toda ênfase foi dada à

---

32 *Ibidem*, p. 24.

33 BRESSER-PEREIRA, Luiz Carlos. Da administração pública burocrática à gerencial. *Revista do Serviço Público*, v. 47, n. 1, jan./abr. 1996.

34 Esta primeira tentativa, contudo segundo, Bresser-Pereira não foi bem-sucedida, tendo em vista a crise política do regime civil-militar a partir da segunda metade da década de 1970 (BRESSER-PEREIRA. *Op. cit.*, 1996).

descentralização mediante a autonomia da administração indireta, a partir do pressuposto da administração direta e da maior eficiência da administração descentralizada.[35]

O próprio Bresser-Pereira, contudo, rechaça a afirmação de que a Reforma de 1995 teria uma alcunha "descentralizadora". Ela seria, na verdade, uma aposta em um modelo específico, caracterizado pela reformatação do Estado através das agências autônomas e das organizações sociais, que teriam em comum o contrato de gestão firmado com o núcleo estratégico.[36]

Percebe-se, nesses casos, que as agências reguladoras, tal como as conhecemos hoje, não decorreram diretamente da Reforma do Aparelho do Estado e do movimento de passagem da administração pública burocrática para uma administração pública gerencial, focada na descentralização de algumas atividades administrativas. Embora fortemente influenciadas por esse contexto marcadamente favorável para o surgimento dessas figuras, fato é que elas não foram legatárias diretas das iniciadas capitaneadas pelo Ministério de Bresser-Pereira.[37] Nesse sentido:

> Embora o Plano Diretor da Reforma do Aparelho do Estado referenciasse a função de regulação, não houve, naquele momento, proposta específica para a formatação dos entes que viriam a desempenhas as competências regulatórias. Por isso, as Agências foram instituídas e acordo com a

---

[35] *Ibidem*, p. 12.

[36] "(...) a modernização ou o aumento da eficiência da administração pública será o resultado a médio prazo de um complexo projeto de reforma, através do qual se buscará a um só tempo fortalecer a administração pública direta ou o 'núcleo estratégico do Estado', e descentralizar a administração pública através da implantação de 'agências autônomas' e de 'organizações sociais' controladas por contratos de gestão. (...) a proposta não é a de continuar no processo cíclico que caracterizou a administração pública brasileira (...), alternando períodos de centralização e de descentralização, mas a de, ao mesmo tempo, fortalecer a competência administrativa do centro e a autonomia das agências e organizações sociais. O elo de ligação entre os dois sistemas será o contrato de gestão, que o núcleo estratégico deverá aprender a definir e controlar, e as agências e organizações sociais, a executar." (BRESSER-PEREIRA. *Op. cit.*, 1996, p. 24).

[37] Conforme Floriano de Azevedo Marques Neto: "(...) a ideia de 'agências' como meros órgãos executivos, como está no Plano Diretor de Reforma do Estado – PDRE, não corresponde à figura da agência reguladora. Para esta são essenciais características como a independência, a autonomia a especialidade e a permeabilidade, incompatíveis com o modelo de 'agências executivas' pensado no PDRE. Afinal, não me parece possível conciliar a autonomia e independência, por exemplo, com o instrumento do contrato de gestão" (MARQUES NETO, Floriano de Azevedo. Balanço e Perspectivas das Agências Reguladoras no Brasil. *Conjuntura & Informação*, n. 15, jul./set. 2001).

formulação de políticas públicas em cada setor, com a função primordial de estabelecer diretrizes para a garantia de maior eficiência na execução dos serviços públicos regulados.[38]

Mas também não é possível ignorar que a revisitação das funções e figuras da administração pública propiciou uma forte revisão do modelo sobre o qual o Estado se organizava. Sem dúvida, as ideias trazidas pela Reforma de parceria com o setor privado, de descentralização das atividades administrativas e de tecnicidade e de gestão por resultados pavimentaram o surgimento das agências reguladoras.

1.2.3 Concessões de serviços públicos e o Estado Regulador

O texto da CR/1988 já havia contemplado a possibilidade da presença da iniciativa privada como instrumento de execução de serviços públicos pela administração pública.[39] Assim, o art. 175 da CR/1988 atribui ao Poder Público, na forma da lei, diretamente ou sob regime de concessão ou permissão, sempre por meio de licitação, a prestação de serviços públicos.[40]

Posteriormente, já sob a égide do novo texto constitucional, a Lei nº 8.987/1995 veio a determinar o regime de delegação de serviços públicos por intermédio de contratos de concessão precedidas ou não de obras públicas, além de disciplinar a permissão de serviço público.

---

38 SCHIER, Adriana da Costa Ricardo; LIMA, Maria Cristina. O processo decisório das agências reguladoras: elementos de instrução à decisão regulatória (artigos 4º ao 6º da Lei nº 13.848/2019. *In*: SCHIER, Adriana da Costa Ricardo; FORTINI, Cristiana; CASIMIRO, Lígia Maria Silvia Melo de; VALLE, Vanice Regina Lírio do (coord.) *Marco Legal das agências reguladoras na visão delas*: comentários à Lei nº 13.848/2019 e à IN nº 97/2020. Belo Horizonte: Fórum, 2021. p. 48.

39 O conceito de serviço público é assunto dos mais tormentosos. Valemo-nos dos ensinamentos de Celso Antônio Bandeira de Mello, para quem serviço público é atividade material que o Estado assume pertinente a seus deveres em face da coletividade para satisfação de necessidades ou utilidades públicas singularmente fruíveis pelos administrados cujo desempenho entende que deva se efetuar sob a égide de um regime outorgador de prerrogativas capazes de assegurar a preponderância do interesse residente no serviço e de imposições necessárias para protegê-lo contra condutas comissivas ou omissivas de terceiros ou dele próprio gravosas a direitos ou interesses dos administrados em geral e dos usuários do serviço particular (BANDEIRA DE MELLO, Celso Antônio. *Curso de Direito Administrativo*. 17. ed. São Paulo: Malheiros, 2004. p. 679).

40 FORTINI, Cristiana; FAJARDO, Gabriel. *Um arranjo histórico sobre as concessões e parcerias público-privadas. O Direito Administrativo nos 30 anos da Constituição Federal*. Belo Horizonte: Fórum, 2018.

A referida lei trouxe a possibilidade de tais serviços serem, uma vez transferidos à iniciativa privada (mantendo-se a titularidade, contudo, com o Poder Público), remunerados, principalmente, com tarifas pagas diretamente pelos usuários.[41]

A administração pública, especialmente a partir do final do século XX e do início do século XXI, na esteira da Reforma do Aparelho do Estado, passou a adotar uma multiplicidade de parcerias com o setor privado para garantia das atividades prestacionais que passou a assumir a partir da evolução do Estado Liberal. Essas novas formatações jurídicas vêm propiciando ao Poder Público possibilidades para o seu atuar, valendo-se de empenhos de particulares para a mitigação de sua incapacidade de assunção integral de todo o arranjo prestacional ao qual está obrigada. Não significa dizer que o Estado se absterá da prestação dos serviços públicos; ao contrário, ele apenas terá novos instrumentos para realização de suas próprias funções.[42]

Tal configuração insere-se em um movimento de contratualização da atividade administrativa, buscando-se se valer dos vínculos negociais para a consecução das finalidades públicas. Em especial, os módulos convencionais de concessão[43] servem ao objetivo de a Administração valer-se da iniciativa privada para a execução de serviços essenciais à sociedade.

É importante relembrar que, editada já na metade da década de 1990, a Lei de Concessões (Lei nº 8.987/1995) faz parte de uma agenda que procurou introduzir a noção de subsidiariedade do Estado no contexto brasileiro. É dizer: sempre que for possível contar com a iniciativa privada para exercício das atividades públicas, como um instrumento, esta seria uma escolha de política pública sopesada.

Maria Sylvia Zanella Di Pietro atribui a Juan Cassagne a ideia de "Estado Subsidiário", a qual não se coloca como alternativa ao Estado Liberal ou ao Estado Social e Democrático de Direito. Antes, a ideia de subsidiariedade está vinculada a um princípio, de origem católica,[44]

---

[41] Não se desconhece que a Lei nº 8.987/95 possibilita que o particular também se remunere de receitas não tarifárias, inclusive acessórias ou mesmo por meio de subsídios pagos diretamente pelo Poder Público. Há, contudo, sem dúvida, nesse modelo, uma centralidade do pagamento por tarifas, ainda que de forma preferencial.

[42] JUSTEN FILHO. *Op. cit.*, 2002, p. 12.

[43] MENEZES, Fernando. Contratos administrativos nos dias atuais. *Interesse Público*, Belo Horizonte, ano 17, n. 90, p. 37-62, mar./abr. 2015. Disponível em: http://dspace/xmlui/bitstream/item/19091/PDIexibepdf.pdf?sequence=1. Acesso em: 7 jul. 2025.

[44] Di Pietro narra que o princípio da subsidiariedade foi formulado em fins do século XIX e começo do século XX, no contexto da Doutrina Social da Igreja, principalmente pelas

que subjaz à ideia de atuação estatal a deferência pela liberdade (dos indivíduos, das associações, das empresas). Segundo a autora, algumas ideias são inerentes a esse princípio: o respeito aos direitos individuais, devendo o Estado abster-se de exercer atividades que o particular tenha condição de exercer por sua própria iniciativa e com seus próprios recursos; bem como a assunção, pelo Estado, de um papel de fomento, de coordenação, fiscalização da iniciativa privada.[45]

A essa dupla de ideias somar-se-ia uma terceira, a ideia de parceria entre o público e o privado, com o objetivo de garantir a consecução dos interesses públicos, seja pela via da livre-iniciativa, seja pela delegação de atividades de titularidade pelo Estado. Esses pilares estruturantes de uma nova agenda pública, contudo, não são indicativos de qualquer inação do dever do Estado em sua missão de garantia de direitos e de regresso a um modelo liberal, mas antes uma reconfiguração para reafirmar o seu compromisso com os cidadãos ou, como prefere Pedro Costa Gonçalves, com suas "responsabilidades públicas". Segundo o autor:

> A retração do Estado ficou, assim, longe de se consubstanciar no regresso a um modelo puro liberal, com a emergência de uma nova "Sociedade Civil pautada pelo direito privado": o (indiscutível) reforço do papel da Sociedade e do Mercado não envolveu, de facto, um descomprometimento (*sic*) estadual, confirmando-se, antes, um princípio de permanência e de continuidade das responsabilidades públicas.[46]

De duas ideias inicialmente contrapostas, a partir das quais não seria possível propor qualquer interface, esse novo Estado surge encontrando pontos de consenso entre Poder Público e iniciativa privada. Do aparente oximoro público-privado emergem a parceria, a

---

Encíclicas *Rerum Novarum* (1891), de Leão XIII, *Quadragesimo Anno* (1931), de Pio XI, *Mater et Magistra* (1961), de João XXIII, e, mais recentemente, a *Centesimus Annus* (1991), de João Paulo II. Neste último, narra a autora, João Paulo II defende que "o Estado deve respeitar a autonomia dos indivíduos, das famílias, associações de classe, grupos econômicos, partidos políticos, na busca do bem comum. No campo econômico, também o Estado deve respeitar essa autonomia, somente agindo indiretamente e segundo o princípio da subsidiariedade, quando necessário para criar as condições favoráveis ao livre exercício da atividade econômica" (DI PIETRO, Maria Sylvia Zanella. *Parcerias na Administração Pública*. 11. ed. Rio de Janeiro: Forense, 2017. p. 17-18).

45 DI PIETRO. *Op. cit.*, 2017.

46 GONÇALVES, Pedro Costa. *Reflexões sobre o Estado Regulador e o Estado Contratante*. Coimbra: Coimbra Editora, 2013. p. 53.

possibilidade de se encontrar nos agentes econômicos a realização do "interesse público".

A dimensão de que somente ao Estado caberia a realização do interesse público, a ponto de este precisar criar suas próprias entidades e empresas para realizar diretamente as finalidades públicas, não mais encontra espaço nessa nova realidade. O movimento de rompimento é, afinal, com a ideia de que a intervenção direta do Estado no domínio econômico era a única forma de garantir a satisfação desse "interesse público", confundido, por vezes, com os interesses do próprio Estado-Nação.

A interdição da atividade privada, aduzia-se, era necessária para a garantia de um interesse que não poderia ser realizado pelos agentes econômicos: ao Estado, era fundamental a reserva de atuação de forma e características próprias, que prescindiam da participação dos usuários ou da sociedade, na medida em que esse mesmo Estado era o formulador do conceito de "interesse público".

Nesse Estado tutor, que oferece prontas respostas aos interesses da coletividade, não haveria espaço para os interesses privados ou os interesses dos agentes econômicos – estes, de segunda ordem, sempre sujeitos à "supremacia do interesse público sobre o interesse privado". A dinâmica do mercado, dos usuários e dos diversos interesses enredados estaria sempre sujeita ao papel do Estado.

A nova realidade que se coloca é a redefinição do papel desse Estado onipresente, ou Estado Providência, que passa a considerar importantes valores, como a participação dos administrados, a complexidade dos interesses públicos, a importância da iniciativa privada e a eficiência na prestação dos serviços públicos. Nesse sentido, Edite Mesquita Hupsel defende que:

> (...) o ressurgimento de um Estado menor, mais modesto tendo o princípio da subsidiariedade como um dos seus vetores, a busca da eficiência pelo Estado, uma das suas metas na prestação de serviços públicos; e a insuficiência do Estado no custeio da prestação direta das obras e serviços públicos, todas estas causas geraram alterações no modelo de atuação deste mesmo Estado, que veio então se a se transformar, através de um processo de desestatização promovido em inúmeros países que gerou a venda de empresas estatais e a transferência de serviços ao setor privado.[47]

[47] HUPSEL, Edite Mesquita. *Estado, Serviços Públicos e Parcerias Público-Privadas no Brasil*: anotações. 2013. Dissertação (Mestrado) – Universidade de Coimbra, Coimbra, 2013. p. 34. Disponível em: https://estudogeral.sib.uc.pt/handle/10316/34704. Acesso em: 7 jul. 2025.

Isso não tem como consequência o redimensionamento do Estado – incluindo as políticas de privatização iniciadas no Brasil a partir de 1990 – a todo e qualquer custo. Ao contrário: está-se a entender essas políticas como mais uma das possibilidades e instrumentos para concretização das finalidades públicas, que não têm contornos, contudo, de política inquestionável. Nesse sentido, vale a ressalva de Marçal Justen Filho:

> Nunca se pode aceitar que a restrição à intervenção estatal seja orientada pura e simplesmente a assegurar a preponderância dos interesses egoísticos dos mais poderosos. Há riscos equivalentes na substituição da ineficiência estatal pela absoluta eficiência privada.[48]

Mas é diante da existência dessas novas formas de execução dos serviços públicos e da forma como o Estado buscará a concretização das políticas públicas que se origina uma nova maneira de se relacionar com a iniciativa privada. É nesse contexto de maior permeabilidade da participação privada e de redimensionamento das atividades diretas do Estado que "a contrapartida da redução da intervenção estatal consiste no predomínio de funções regulatórias".[49] É por meio, portanto, dessas novas funções que o Estado buscará a concretização de suas finalidades públicas, sem comprometimento de sua missão precípua de buscar a satisfação dos interesses coletivos ou, de outro modo, "não significa negar a responsabilidade estatal pela promoção do bem-estar, mas alterar os instrumentos para realização dessas tarefas".[50]

Daí que se passa a falar, então, de um Estado Regulador, o qual, diante do estabelecimento de uma nova relação público-privada e do redesenho da atuação direta do Estado, começa a se valer de uma nova função para atingimento dos fins públicos, a função regulatória. A regulação seria, então, a forma que o Estado teria de garantir que o desempenho da atividade privada não estaria afastado dos interesses públicos – mas, ao contrário, deveria se conformar a eles. Nesse sentido, Marcos Juruena aponta que:

> O surgimento do Estado-regulador decorreu de uma mudança na concepção do conteúdo da atividade administrativa em função do princípio da subsidiariedade e da crise do Estado bem-estar, incapaz

---

[48] JUSTEN FILHO. *Op. cit.*, 2002, p. 13.

[49] *Ibidem*, p. 21.

[50] *Ibidem*.

> de produzir o bem de todos com qualidade e a custos que possam ser cobertos com o sacrifício da sociedade. Daí a descentralização de funções públicas para particulares.[51]

Retomando o que David Osborne e Ted Gaebler defendiam em *Reinventando o Governo*: "A obrigação do governo não é prestar serviços ao público, mas garantir que eles sejam prestados".[52]

Com a promulgação da CR/1988, os direitos sociais ganharam relevância ainda mais acentuada, conclamando maior atenção da atuação regulatória. Nesse contexto, "os direitos sociais não somente emergiriam como foram ganhando tratamento diferenciado pela ordem jurídica", em especial em um período que "abandonava, aos poucos, a visão positivista vigente durante o Estado Liberal e a submissão estrita da administração pública a um princípio da legalidade eminentemente restritivo".[53]

A regulação, nesse contexto, não seria apenas a manifestação de um papel impeditivo ou proibitivo do Estado, endereçado à livre-iniciativa, mas a destinação de uma visão de finalidade pública ao controle da atividade privada. Justen Filho, analisando esse fenômeno, constata que houve uma evolução da regulação estatal: de uma feição exclusivamente econômica para uma verdadeira preocupação social.[54]

Segundo o autor, em uma primeira "onda regulatória", a preocupação do Estado centrava-se em questões econômicas, em buscar corrigir assimetrias quando o mercado não pudesse, sozinho, se ajustar para o funcionamento perfeito, ou seja, quando existissem as chamadas "deficiências de mercado".[55]

Essa atuação seria uma manifestação excepcional, complementar, que propiciaria ao mercado a deferência suficiente para que os

---

51 SOUTO, Marcos Juruena Villela. *Direito Administrativo Regulatório*. Rio de Janeiro: Lumen Juris, 2002. p. 31-32.

52 OSBORNE, David; GAEBLER, Ted. *Reinventando o governo*: como o espírito empreendedor está transformando o setor público. Trad. de Sérgio Fernando Guarischi Bath e Ewandro Magalhães Jr. 6. ed. Brasília: MH Comunicação, 1995.

53 FAJARDO, Gabriel Ribeiro. Parcerias com a Administração Pública com o Setor Privado para a Efetivação do Direito Social à Moradia. *In*: DIAS, Maria Tereza Fonseca; UNES, Flavio Henrique (org.) *O Direito administrativo social e econômica*: análise de direito comparado. São Paulo: Almedina, 2021. p. 57.

54 JUSTEN FILHO. *Op. cit.*, 2002, p. 32-33.

55 Segundo o autor, as deficiências de mercado envolveriam algumas situações que poderiam ser sintetizadas em: (i) deficiência na concorrência; (ii) bens coletivos; (iii) externalidades; (iv) deficiências (assimetrias) de informação; e (v) desempenho, inflação e desequilíbrio. JUSTEN FILHO. *Op. cit.*, 2002, p. 32-33.

agentes econômicos buscassem sua própria dinâmica e harmonia. A realidade, contudo, teria demonstrado que o mercado, mesmo em condições ideais, não seria suficiente à equalização das demandas sociais e às preocupações sociais.

Daí o surgimento de uma segunda "onda regulatória", de conotação social, que centraliza preocupações de outras ordens que não a econômica. A importância da proteção das minorias, do meio ambiente, da governança conclamou uma regulação mais abrangente, que busca endereçar aos agentes privados preocupações com inúmeros outros valores de ordem imaterial.

Assim é que, embora o tema da regulação não seja novo no direito administrativo,[56] sem dúvida foi também a partir das profundas mudanças advindas da revisitação das funções do Estado e da derrocada do Estado de Bem-Estar Social, com a profusão de parcerias com a iniciativa privada e com as novas formas de prestação dos serviços públicos, que o tema da regulação ganhou novos contornos. Essas novas faces serão abordadas a seguir.

1.2.4 As novas faces da regulação: os interesses públicos e privados equilibrados

A evolução do perfil de Estado executor para o de Estado subsidiário, com a entrada da iniciativa privada como um braço para consecução dos serviços públicos, alterou substancialmente o que se entende por regulação.[57] Em um contexto de atuação direta do Estado, como interventor no domínio econômico, poder-se-ia se falar em função regulatória?

---

[56] Fernando Dias Menezes de Almeida, nesse sentido, ressalva que: "Com efeito, regulação é conceito que existe há tempo, mas tradicionalmente não era concebido, pela doutrina brasileira, dentre as peças fundamentais de edificação do Direito administrativo. Agora voltou à evidência, buscando os autores adaptá-lo para em torno dele construírem o tratamento jurídico da situação fática facilmente constatável de que as instituições estatais, no Brasil têm alterado seu modo de agir, sobretudo em sua interface com os agentes que exploram atividades econômicas em sentido amplo" (ALMEIDA, Fernando Dias Menezes de. Considerações sobre "regulação" no Direito positivo brasileiro. *Revista de Direito Público da Economia – RPDE*, Belo Horizonte, ano 3, n. 12, out./dez. 2005. p. 70).

[57] "Embora tenha reduzido o seu espaço de intervenção, o Estado assumiu o compromisso de regular e gerir as consequências das medidas de privatização e, numa lógica de perpetuação de tarefas públicas que se estende aos setores privatizados, incumbiu-se de assegurar uma função de direção, condução ou pilotagem: mesmo que se empenhe na produção de bens e na prestação direta de serviços aos cidadãos, cabe-lhe a responsabilidade de regular o funcionamento do mercado" (GONÇALVES. *Op. cit.*, 2013, p. 12-13).

Floriano de Azevedo Marques Neto,[58] ao adotar o conceito de regulação, afasta os mecanismos de intervenção direta como forma de regulação. Isso porque, segundo o autor, mesmo estatal, o interesse do agente econômico tem como núcleo os interesses da empresa ou do seu controlador, e não do sistema como um todo ou, ainda, dos utentes da utilidade econômica explorada pelo agente econômico público. Além disso, o exercício da função regulatória pressuporia a existência de regulados, e, assim, a concentração de papéis entre regulador e operador levaria à "descaracterização da atividade regulatória", pois faria com que a regulação fosse exercida não em benefício do indivíduo ou da sociedade, mas os tornasse sujeitos da regulação.

Marques Neto, contudo, adverte que a atividade regulatória do Estado não é substitutiva da intervenção direta no domínio econômico. Aliás, a atividade estatal de regulação seria uma das formas de intervenção estatal econômica, porém distinta em pressupostos, objetivos e instrumentos da intervenção direta. Difere nos pressupostos porque a intervenção regulatória é muito mais pautada pelo caráter de mediação do que pela imposição de objetivos e de comportamentos ditada pela autoridade. "É própria dessa concepção de regulação a permeabilidade do ente regulador aos interesses dos regulados, sejam operadores econômicos, sejam usuários, sejam mesmo os próprios interesses estatais enredados no setor regulado."[59] Difere também em seus objetivos porque estes se deslocam do interesse do Estado-Nação e passam a ter maior compatibilidade com os interesses da sociedade.

Essa nova acepção da regulação prestigia os interesses da sociedade para a qual a atividade privada é realizada, legitimando a atuação regulatória. Sobre a intervenção e o papel estatal, Diogo Figueiredo Moreira Neto indica que:

> É neste contexto que a velha intervenção pesada, pró-Estado, se transforma numa intervenção leve, pró sociedade. O papel do Estado muda: de agente monopolista, concorrente ou regulamentador, torna-se um agente regulador e fomentador. Não se trata de um movimento para chegar ao Estado mínimo, como se poderia pensar, mas para torná-lo um Estado melhor.[60]

---

58 MARQUES NETO, Floriano de Azevedo. *Agências Reguladoras Independentes*: Fundamentos e seu Regime Jurídico. Belo Horizonte: Fórum, 2005b. p. 31.

59 *Ibidem*.

60 MOREIRA NETO, Diogo Figueiredo. *Direito Regulatório*. Rio de Janeiro: Renovar, 2003. p. 73.

O tema se conecta à nova ordem constitucional e à transmutação do papel de Estado para um modelo que prestigia não só a participação dos administrados como também a necessidade de se dar respostas mais concretas às demandas sociais. No Brasil, como visto, a Reforma da Administração Pública buscou ampliar os instrumentos para efetivação das atividades a cargo do Estado, de forma a relativizar a atuação direta quando a iniciativa privada, devidamente regulada, puder estar presente. Assim, buscou-se privilegiar a eficiência do Estado, dotado de amplas alternativas e instrumentos para a realização de suas políticas públicas.

Não por outro motivo, a Emenda Constitucional nº 19, de 1998, alterou o *caput* do art. 37 da CR/1988 para prever a eficiência como princípio a balizar a atividade administrativa. Assim é que Eurico Bittencourt analisa também a eficiência como um vetor fomentador da atuação concertada da administração pública, nos seguintes termos:

> Entendida a eficiência como um mandamento de se obter os melhores resultados, com o menor custo e do modo mais célere, nos quadros da juridicidade, haverá situações em que a Administração Pública concertada será mais apta a assegurar uma atuação mais eficiente que uma Administração impositiva, no clássico quadro da organização hierárquica.[61]

A atuação impositiva da administração pública, valendo-se dos atos administrativos unilaterais como forma de exercício de seu poder normativo, assim, vai se transmutando para novas maneiras do atuar em prol do interesse público, passando-se a reconhecer, inclusive, a existência de diversos interesses públicos, os quais devem ser devidamente balizados e avaliados diante da existência de diversos atores marcados como destinatários da atuação estatal. Dessa forma:

> De fato, a alteração no panorama regulatório e no modo do exercício da autoridade estatal vivida por nós implica em mudanças de várias ordens. Há uma primeira ordem de mudanças que se revela na mudança do foco principal da regulação, é dizer, nos objetivos pelos quais se justifica a atuação regulatória estatal. Um segundo plano se refere ao eixo da regulação, que perde um tanto de seu caráter autoritário, deslocando-se

---

[61] BITTENCOURT NETO, Eurico. Transformações do Direito da Organização Administrativa e a Constituição de 1988. *In*: DI PIETRO, Maria Sylvia Zanella; MOTTA Fabrício (coord.) *O Direito Administrativo nos 30 anos da Constituição*. Belo Horizonte: Fórum, 2018. p. 86.

do eixo impositivo, vertical (típico das relações de autoridade) para um eixo mais negocial, pautado por relações horizontais (adequado a uma regulação mais mediadora, reflexiva). Um terceiro plano se refere ao modo de exercer a atividade regulatória, operando-se no campo do método de atuação estatal. Cuidam-se do que chamo de transformações metodológicas e que se mostram na crescente procedimentalização, transparência e especialidade no exercício da regulação.[62]

Ganha relevo, nesse caso, a noção de que a moderna regulação se aproxima da ideia de equilíbrio, de promover a satisfação dos interesses público e privado em um modelo de governança, conforme propõe Pedro Gonçalves:

> O papel do consenso e dos esquemas de governação colaborativa tem levados alguns autores a referenciar um estádio de renovação e de transição de um modelo convencional de regulação (nascido com o "New Deal") para um modelo de governança (uma espécie de "Renew Deal") – este caracteriza-se pela interdependência e mútua colaboração ente Estado e mercado, que substitui os esquemas de regulação hierárquica e vertical por modelos de governação horizontal e em parceria, baseados na partilha de responsabilidades e no consenso.[63]

Aliás, Odete Medauar, em seu *Direito Administrativo em evolução*, já havia associado a atividade regulatória à mediação de conflitos.[64] Assim, para além das clássicas edição de normas, fiscalização do seu cumprimento, atribuição de habilitações e imposição de sanções, a regulação também abrangeria a mediação de conflitos.[65]

Houve, portanto, uma clara transmutação do papel da regulação ao longo do tempo, não apenas em relação à maior intensidade com que

---

62 MARQUES NETO. *Op. cit.*, 2001, p. 4.

63 GONÇALVES. *Op. cit.*, 2013, p. 73.

64 Comentando o trabalho de Medauar nessa temática, Fernando Dias Menezes de Almeida registra que: "Vale destacar a ênfase que a autora dá a novos mecanismos, que entende incluídos na atividade de regulação, ligados à mediação de conflitos. Isso se insere em uma tendência, já apontada em outra obra sua, de alteração na relação entre Administração e administrados, caracterizando o que se poderia dizer 'democracia administrativa'. Trata-se do desenvolvimento de mecanismos que tragam transparência às atividades da Administração e nelas garantam a participação dos administrados (agregando sua colaboração e trazendo para o seio da Administração uma pluralidade de pontos de vista), com especial ênfase na processualização (com as garantias inerentes do devido processo legal) dos procedimentos administrativos" (ALMEIDA. *Op. cit.*, 2005. p. 88).

65 MEDAUAR, Odete. *O Direito Administrativo em evolução*. 3. ed. Brasília: Gazeta Jurídica, 2017. p. 334.

o Estado regulador passou a atuar nessa forma de intervenção no domínio econômico, mas também em como essa atuação vem se realizando. Isso trará reflexos para a forma de criação das agências reguladoras, cujos objetivos específicos estão descritos a seguir.

1.3 Os objetivos específicos na criação das agências reguladoras

Não há como apontar com precisão – com base em um texto normativo único ou plano governamental, por exemplo – todos os objetivos da criação das agências reguladoras. Como visto, essas entidades foram fruto de um movimento contextualizado, mas com múltiplas influências, sem que houvesse uma atuação coordenada para sua concepção e formatação.

Contudo, é possível identificar, especialmente pela análise bibliográfica e pela recuperação dos contornos históricos da época, motivos singulares para a introdução dessas entidades na administração pública brasileira, as quais se conectam sobremaneira com a explicação de por que, ou para que, as agências foram criadas.

1.3.1 Atração do investimento privado em um novo formato de prestação dos serviços públicos

A ideia de Estado subsidiário e de substituição da prestação direta do Estado, inclusive de serviços públicos, pressupunha a atratividade do investidor privado para a celebração dos compromissos contratuais em prol do atingimento das finalidades públicas. A Lei nº 8.987/1995 já havia inaugurado o regime jurídico das concessões e permissões de serviços públicos, mas não bastava, por si, para a concretização desse novo modelo. Era necessário pensar em quais elementos institucionais garantiriam ao investidor privado a previsibilidade necessária para se engajar na prestação de serviços delegados.

O objetivo da Reforma da Administração Pública, como visto, era o de redesenhar e reformular a estrutura da administração pública brasileira, entendendo quais atividades deveriam ficar a cargo da prestação direta do Estado e quais deveriam ser desempenhadas pela iniciativa privada. Embora, como visto, a Reforma não tenha indicado as agências reguladoras como instrumentos para garantia da efetividade de tais alterações, o contexto político-econômico da época indicava a necessidade de uma sinalização veemente ao investidor privado.

Em um país marcadamente associado às instabilidades jurídicas e políticas, vindo de uma recente ruptura do regime democrático que durou vinte e cinco anos, não era tarefa fácil ambientar o investimento privado. A centralidade do Poder Executivo, com seus ciclos democraticamente demarcados, e a sucessão de mandatos com políticas ideológicas diversas traziam a possibilidade de que enlaces realizados em um recorte contextual pudessem ser desfeitos no porvir.

Nos serviços públicos delegados, era importante fechar a equação risco e retorno. O investimento que seria realizado, no modelo proposto pela Lei nº 8.987/1995, era de garantir ao parceiro privado tempo suficiente para a recuperação do investimento ao longo do prazo contratual avençado.

Isso significava, na prática, que o concessionário deveria realizar os vultosos investimentos necessários para suprir o déficit presente em determinado setor, de forma que sua remuneração seria dada pelas receitas tarifárias pagas pelos usuários. Com isso, era necessário que tais contratos fossem de longo prazo, perpassando diversos ciclos políticos e os riscos inerentes a essa dinâmica democrática e necessária.

Em alusão ao Estado interventor de forma direta na economia, Floriano de Azevedo Marques Neto reconhece que, naquele cenário, havia uma maior autonomia para o poder estatal, acompanhada de uma menor margem de autonomia para a sociedade. Essa situação, contudo, trazia consequências:

> Neste cenário, a vontade política (entendida como a orientação do governante) se punha muito mais eficaz (demandando menor necessidade de mediação para sua concretização). Porém, a atividade econômica, é fato, acabava por padecer de uma enorme instabilidade, pois as decisões políticas são necessariamente cambiantes (fruto da natural necessidade de acomodação dos interesses políticos e das premências da alternância de poder) e buscam a responder às demandas mais imediatas (próprias do ambiente político).[66]

De forma paralela, Marçal Justen Filho trabalha o conceito de "demagogia regulatória" para descrever a postura bipolar e oposta ao longo do tempo por parte da administração pública concedente. Esta seria caracterizada pela má-fé do Poder Público presente em dois momentos de atitude contrapostas: em um primeiro momento, pré-outorga

[66] MARQUES NETO. *Op. cit.*, 2005b, p. 27-28.

do serviço público, o concedente agiria manifestando atenção em face dos interesses de potenciais investidores, acenando com vantagens marcantes e atraentes; já em um segundo momento, após a outorga da concessão, o mesmo Poder Público adotaria o discurso de defesa da comunidade, imputando ao concessionário a responsabilidade por defeitos e práticas legitimados anteriormente. Assim:

> A rejeição à demagogia regulatória, no âmbito das concessões de serviços públicos, resultará da prevalência dos princípios jurídicos fundamentais e da adoção de políticas de longo prazo. Isso significa o dever de planejamento, realizando projeções sobre os efeitos das decisões presentes e assumindo seriamente o compromisso com as decisões adotadas. Para que tal seja possível, é imperioso optar pelas soluções que sejam técnica e politicamente mais adequadas, o que legitimará as escolhas realizadas, dará respaldo à conduta do governante e conduzirá à adesão da Sociedade.[67]

No mesmo sentido, Cristiana Maria Fortini Pinto e Silva identifica que os investimentos privados perceberão os riscos políticos associados à prestação de serviços e vivenciarão as mudanças inerentes à democracia, trazendo consigo a equação de risco e retorno que balizará a decisão do privado:

> Contratos não são celebrados com as pessoas dos agentes políticos. Todavia, trocas de chefes do Poder Executivo são frequentemente fonte de preocupação. Contratos de longo prazo são ainda mais sujeitos aos humores e considerações dos novos(a) dirigentes, que se sucederão enquanto vigente o vínculo. Ora, ao preparar o edital e seus anexos, os agentes públicos realizam opções que não podem posteriormente ser desconsideradas ao fundamento de que melhor teria sido outro caminho. Alegar que determinada opção, amparada pela ordem jurídica, não deveria ter sido adotada e com isso desestabilizar o contrato gera problemas que ultrapassam os contornos do vínculo. Incertezas, temores, tensões criam atmosfera de desconfiança e podem minar o interesse por novas contratações.[68]

---

[67] JUSTEN FILHO. *Op. cit.*, 2002, p. 68.

[68] FORTINI, Cristiana. Novos investimentos e o ambiente dos contratos celebrados com a administração. *Consultor Jurídico*, 10 jan. 2019. Disponível em: https://www.conjur.com.br/2019-jan-10/interesse-publico-novos-investimentos-ambiente-contratos-administracao. Acesso em: 7 jul. 2025.

Assim é que as agências reguladoras teriam o condão de trazer a estabilidade necessária para o cumprimento dos contratos, para a *performance* dos investimentos privados e para o retorno necessário em vínculos de longo prazo. Se, de um lado, no modelo clássico de repartição clássica dos poderes, o Executivo traria consigo as instabilidades inerentes à revisão democrática, de outro era primordial que os projetos fossem encarados como iniciativas de Estado, e não de governos casuísticos.

As agências reguladoras poderiam, então, zelar pelos interesses públicos e privados em equilíbrio, trazendo a noção de proteção às partes enredadas na prestação do serviço público delegado. Como visto, foi justamente o ambiente da década de 1990, marcada por uma robusta iniciativa de desestatizações e concessões, que ensejou a criação dessas entidades no cenário nacional.

Esse diagnóstico é preciso em atribuir às agências reguladoras a diminuição da percepção de risco. Isso não significa dizer que os riscos deixaram de existir ou não devem ser precificados ou distribuídos entre as partes, mas que o pacto concessório será cumprido da forma como acordado,[69] e isso só ocorreria com especialidade técnica e independência decisória.

---

[69] Em recente pesquisa realizada sobre a percepção sobre a regulação de infraestrutura de transporte, Patricia Pessôa Valente e Darcio Genicolo Martins, em entrevista realizada com atores privados, chegaram à conclusão de que muitas vezes, na prática, a existência da agência reguladora não minimiza a percepção de risco – isso porque, ao ser retirada da teoria e confrontada à prática de seu funcionamento, muitas vezes a influência política e a ausência de independência decisória persistiriam, de forma que muitas vezes a existência de um terceiro serviria apenas como mais um obstáculo à relação público-privada. Nesse sentido: "Alguns entrevistados da iniciativa privada, ao serem questionados se a existência de uma agência reguladora impactava a sua decisão de investir em infraestrutura, responderam afirmativamente, desde que a agência fosse efetivamente uma entidade técnica e autônoma, blindada das vicissitudes da política, cujas ambições político-partidária costumam influenciar a tomada de decisão em detrimento de outros valores. Caso não fossem essas as condições de criação e funcionamento da agência, sua presença não seria bem-vinda a esses consultados. Houve quem preferisse que as agências sequer existissem, pois, a realidade teria demonstrado que suas atuações não têm sido no sentido pretendido pelas respectivas leis. Afinal, 'há o que a lei prevê e o que ocorre na prática; são situações completamente distintas uma da outra" no ambiente regulatório no Brasil'" (MARTINS, Darcio Genicolo; VALENTE, Patricia Pessôa. *Percepções sobre a regulação da infraestrutura de transporte e mobilidade no Brasil. Versão para discussão.* São Paulo: Insper, 2019. Disponível em: https://pessoavalente.com.br/midia/percepcoes-sobre-a-regulacao-da-infraestrutura-de-transportes-e-mobilidade-no-brasil-2014. Acesso em: 23 jun. 2025).

1.3.2 Especialidade técnica e independência decisória

Em vista dos diversos riscos associados à delegação dos serviços aos particulares e diante do amplo programa de desestatizações e concessões que o Brasil passou a vivenciar a partir da década de 1990, era necessário formatar um ambiente institucional para que essas novas funções passassem a ser desempenhadas. A alteração das atividades do Estado e as mudanças advindas da Reforma do Aparelho do Estado já sinalizavam um primeiro aceno em prol do investimento privado, mas era necessário ir além e garantir que houvesse, no longo prazo, a seriedade e a estabilidade necessárias para que esse capital pudesse ser alocado em projetos nacionais.

Para gerir atividades específicas, que seriam desempenhadas a partir da prestação privada, era importante que esses novos entes se engajassem no setor específico objeto da regulação. Esse movimento se alinhava com a importância da descentralização das atividades administrativas.

As agências reguladoras no Brasil foram concebidas como autarquias, dentro de uma divisão descentralizadora da atividade administrativa. Embora com profundas distinções das autarquias clássicas, já presentes no direito positivo brasileiro, as agências guardariam com essas entidades a vocação da especialidade, de conformarem sua atuação a um setor específico. É verdade que as leis criadoras das agências reguladoras trazem a qualificação de que estas seriam autarquias sob regime especial, o que não elide o fato de as agências se irmanarem às demais autarquias na destinação à atuação específica.[70]

---

[70] André Saddy traz ponderações da própria doutrina administrativista brasileira sobre as agências reguladoras serem autarquias de caráter especial: "Cumpre acrescentar que o caráter especial conferido a essas autarquias, apesar de aceito de forma majoritária pela doutrina, encontra-se severas críticas. Insurgindo-se contra o que denomina de 'suposta inovação', ressalta Celso Antônio Bandeira de Mello (2002, p. 15), ao referir-se a respeito de atributos dessas novas entidades, diz que 'independência administrativa', 'ausência de subordinação hierárquica' e 'autonomia administrativa' seriam elementos intrínsecos à natureza de toda e qualquer autarquia, sendo, portanto, que nada acrescentaria esse novo regime àquele que já é inerente". Ao que o próprio Saddy contrapõe: "Ao que pesem, entretanto, essas importantes considerações, afigura-se como inegável, para maior parte da doutrina, o elevado grau de autonomia e independência conferido às agências reguladoras comparativamente às velhas e já conhecidas autarquias brasileiras. Entre elas, tem-se como principal característica o fato de exercerem funções típicas de Estado (executiva, quase normativa e quase judicante", além de maior autonomia/independência conferida pela estabilidade dos dirigentes, ausência de controle hierárquico e autonomia financeira" (SADDY, André. Algumas sugestões para incrementar a independência ou autonomia orgânica e administrativa das agências reguladoras. *BDA – Boletim de Direito Administrativo*, São Paulo, ano 31, n. 2, p. 131, fev. 2015).

Marcos Augusto Perez assinala que "a ideia que presidiu a criação dessas entidades fora dotar o Estado de órgãos que possuíssem a agilidade, especialidade e conhecimento técnico suficientes para o direcionamento de determinados setores da atividade econômica (...)".[71] Assim, seria importante que o corpo técnico e funcional das agências reguladoras fosse formado por servidores com alta capacidade de gestão e grande conhecimento setorial, que pudessem, de fato, gerir investimentos de longo prazo a partir de regras setoriais – contratualizadas ou não – especialmente gestadas para uma dada finalidade.

O corpo burocrático das agências reguladoras deveria ser preparado para discussões técnicas, insuladas das pressões políticas próprias dos governos. O preparo técnico dos gestores, aliás, vertido para controle por resultados, como visto, era um dos legados do Plano de Reforma do Aparelho do Estado. Todavia, se era necessária a alta especialização das agências e de seus servidores, também era preciso entender a maior permeabilidade que os entes estatais deveriam ter às demandas sociais e coletivas, de forma a se evitar a prevalência da técnica de maneira desproporcional ou insensível. É do Ministro Bresser-Pereira este próprio aparte:

> O aumento da autonomia da burocracia estatal não deve ser confundido com o insulamento burocrático – ou seja, o isolamento das agências estatais das influências políticas – frequentemente proposto como solução para o populismo econômico e o clientelismo. Em sociedades democráticas, a alta administração pública está inserida no processo político e dele faz parte. O tipo ideal de um burocrata estatal puramente técnico não faz sentido, da mesma forma que não faz sentido atribuir a ele o papel de garantir a racionalidade da administração pública e mais amplamente do governo, continuamente ameaçada pelos políticos. Esta é uma visão autoritária, que ainda acredita no monarca esclarecido ou no "bom" ditador – é uma visão que o avanço da democracia neste século vai tornando definitivamente superada.[72]

A especialidade técnica, contudo, para aplicação das regras colocadas ao mercado – garantindo previsibilidade e atratividade, conforme visto – só faria sentido se essas entidades pudessem também gozar de independência necessária, insulando-se os entes reguladores das pressões políticas e das alterações ideológicas próprias da democracia.

---

[71] PEREZ, Marcos Augusto. As Agências Reguladoras no Direito Brasileiro: Origem, Natureza e Função. *Revista Trimestral de Direito Público*, v. 23, p. 125, 1998.

[72] BRESSER-PEREIRA. *Op. cit.*, 1997, p. 81.

A independência está, portanto, no cerne da concepção das agências reguladoras. Essa não é, contudo, uma característica retórica ou meramente anunciada, mas antes uma baliza a parametrizar toda a atuação desses entes diante do setor regulado e dos interesses que nele se enredam. Marques Neto registra que a independência é essencial para que o regulador possa exercer suas funções de forma equidistante em relação aos interesses dos regulados, dos beneficiários da regulação e do próprio poder político, de forma que:

> Segue daí que, para que tenhamos o pleno exercício a regulação sobre esta atividade (inclusive buscando a efetivação das pautas de interesse geral estabelecias para o setor regulado), será necessário que o ente ela encarregado mantenha uma certa autonomia em relação a estes três blocos de interesses que, normalmente, não são combináveis, nem muito menos coincidentes.[73]

Vitor Schirato,[74] em análise das bases teóricas da regulação independente, aponta três equívocos comuns nessa atuação, que comprometeriam a viabilidade de um sistema regulatório justo e eficiente. Em primeiro lugar estaria a instabilidade nas relações entre as partes, em virtude da ausência de uma política regulatória isenta diante da tomada de decisão – a qual penderia para interesses individuais que, em um dado momento, se colocam mais intensamente.

Em segundo lugar estaria uma "indesejável contaminação entre interesses políticos e interesses atinentes ao mercado regulado".[75] Isso porque, se o processo decisório estiver sujeito a influências políticas, haverá predominância das decisões sobre o grupo dominante em detrimento da qualidade ou sustentabilidade da atividade ou do setor.

E, por fim, a ausência de tecnicidade estrita no processo de tomada de decisão. Se não houver, nesse caso, isenção em virtude de influências políticas, as decisões não serão em prol da prestação do serviço adequado ou dos legítimos interesses privados, mas sim influenciadas em virtude do atendimento de demandas externas.

A constatação relembra que as funções regulatórias hoje exercidas pelas agências reguladoras não são inovadoras. Aliás, é plenamente

---

[73] MARQUES NETO. *Op. cit.*, 2005b, p. 68.

[74] SCHIRATO, Vitor Rhein. A deterioração do sistema regulatório brasileiro. *Revista de Direito Público da Economia – RDPE*, Belo Horizonte, ano 11, n. 44, p. 4, out/dez. 2013.

[75] *Ibidem*.

cabível que à administração pública direta caiba o desempenho de toda produção regulatória hoje a cargo das agências.

Daí é que decorre, contudo, a necessidade de criação de um novo organismo jurídico para salvaguardar os interesses públicos e privados e dar resposta a contento em prol da coletividade. Não se está a desconhecer os problemas subjacentes à atuação dessas próprias entidades, quando retiradas do plano teórico e submetidas à sua atuação concreta.

Mas, sem dúvidas, foi da constatação de que uma nova organização administrativa poderia agir em prol de entregas mais eficientes que as agências reguladoras foram concebidas na estrutura burocrática brasileira. Com elas se reconheceu que era necessário garantir independência para que as contaminações político-partidárias, eleitorais e de conveniência antijurídica pudessem ser mitigadas.

Não haveria, afinal, outro motivo para se redesenhar uma estrutura que já detinha legitimidade para levar a cabo os projetos que se colocavam no cenário nacional. As concessões de serviços públicos e a regulação de determinados setores privado já ocorriam antes mesmo do surgimento da primeira agência reguladora no Brasil.

1.3.3 Articulação e mediação de interesses

Como visto, se a nova manifestação da atividade regulatória do Estado ganhava contornos relevantes em prol de um novo modo de atuar da administração pública, as agências reguladoras, entes eminentemente criados para essa função, também foram concebidas, ao menos em teoria, com essa destinação. Em um contexto de novas relações público-privadas, as agências reguladoras seriam gestadas com a missão precípua de se colocarem como articuladoras dos diversos interesses enredados na atividade desempenhada pelo mercado. Nos serviços delegados, ao menos os interesses do Poder Público, dos usuários e da concessionária seriam objeto de atuação desses entes.

Como visto, os próprios objetivos da regulação mudaram ao longo do tempo, bem como os mecanismos para sua atuação. Se o objetivo era o de trazer novos atores para a concretização das finalidades públicos (os privados), não mais se poderia deslegitimar seus interesses nem ao menos contrapô-los ao interesse público.

Assim, as agências serviriam como lócus de mediação desses interesses, buscando um ponto ótimo entre duas ideias aparentemente contraditórias: a busca legítima pelo retorno do investimento e a satisfação das demandas sociais. Nesse sentido, a função regulatória desses entes não deveria agir somente de forma a estabilizar o mercado e deixar que a iniciativa privada se equilibrasse organicamente (a chamada "função estabilizadora" de que trata Marques Neto),[76] mas também garantir uma função redistributiva, também chamada por Marques Neto de "consecução de objetivos públicos extrassistema econômico", a qual só poderia ser exercida mediante conciliação de interesses. Dessa maneira:

> A emergência de entes reguladores autônomos corresponde indubitavelmente à necessidade do poder político de constituir espaços em que sejam possíveis a articulação e a mediação de interesses, em que seja viável a interlocução com os diversos polos de poder político existentes na sociedade contemporânea. Mais ainda, traduz-se como uma resposta à necessidade de flexibilidade e de comunicabilidade que revestem o intervencionismo hodierno (intervenção reguladora).[77]

Tal constatação vai ao encontro da doutrina de Flávio Amaral Garcia, que identifica nos objetivos das agências reguladoras a busca pelo correto balizamento entre interesses públicos e privados, sem desconsiderar a importância dos usuários e consumidores:

> O objetivo das agências reguladoras é, portanto, o de exercer permanente mediação na busca do ponto ótimo entre os interesses dos usuários, concessionários e poder concedente. Conforme anota Alexandre Santos de Aragão "as agências reguladoras independentes são a sede por excelência da manifestação do processo de consensualização e flexibilidade pelos quais vem passando o direito administrativo contemporâneo".
>
> O correto desenvolvimento da metodologia regulatória exige que sejam conjuntamente considerados os valores constitucionalmente assegurados e interesses de todos os regulados (concedente, concessionários, usuários ou consumidores). É dever da agência tutelar simultaneamente uma pluralidade de interesses que tenham por objetivo manter o sistema equilibrado. A defesa do usuário/consumidor é apenas parte de um devido processo de ponderação com outros interesses que não podem ser afastados, sob pena de desfigurar-se o método regulatório.[78]

---

[76] MARQUES NETO. *Op. cit.*, 2005b, p. 36.

[77] *Idem. Regulação Estatal e Interesses Públicos*. São Paulo: Malheiros, 2002. p. 199.

[78] GARCIA, Flávio Amaral. *Concessões, Parcerias e Regulação*. São Paulo: Malheiros, 2019b. p. 76.

As agências reguladoras, portanto, não poderiam estar inclinadas a um ou outro interesse. Embora entes estatais, gestados como autarquias, era necessário garantir mecanismos suficientes para que não houvesse qualquer comprometimento de sua função regulatória equidistante e imparcial, prezando-se pela neutralidade em vista de possíveis conflitos que necessitavam de pronta atuação.[79]

Afinal, se para a delegação de serviços públicos não era primordial a existência de agências reguladoras, tendo em vista a titularidade do serviço e a possibilidade de celebração de contratos entre a administração pública direta e o concessionário, assim como é feito em diversas experiências ao longo do país,[80] o papel das agências só viria a somar se fosse em prol de uma alternativa ao modelo até então existente.

1.4 Formatação e papel das agências reguladoras no Brasil: a nova função reguladora desde as leis setoriais até a Lei nº 13.848/2019

Em que pese a existência de um Plano de Reforma do Aparelho do Estado, que buscou apresentar propostas para a formação de agências autônomas, como se viu, as agências reguladoras, no Brasil, surgiram em um movimento paralelo.

É verdade que, mesmo antes do Plano, a CR/1988 já havia sido alterada,[81] passando a prever, no caso dos serviços de telecomunicações, que a lei disporá "sobre a organização dos serviços, a criação de um órgão regulador e outros aspectos institucionais". Posteriormente, nova modificação previu que seria necessária nova legislação para dispor sobre as condições de contratação de empresas estatais ou privadas para a exploração dos serviços relacionados ao petróleo, incumbindo

---

[79] "Para tanto, era assegurada a existência de um modelo de atuação do Estado equidistante de todos os interesses setoriais (incluindo os políticos) que lhe permitia o encontro de decisões técnicas, equilibradas e imparciais, destinadas a garantir o melhor funcionamento possível do mercado regulado. Sempre, havia a garantia de independência e autonomia das autoridades reguladoras, para assegurar uma blindagem contra invasões políticas nos setores regulados capazes de gerar instabilidade e insegurança." (SCHIRATO. *Op. cit.*).

[80] Veja-se que o Estado de Minas Gerais, reconhecidamente como um dos principais estados a celebrar contratos de concessão e parcerias público-privadas, tendo sido vanguardista na temática, não possui agência reguladora em diversos setores, como o é no caso do transporte. De toda forma, o Estado foi o responsável pela primeira Parceria Público-Privada Rodoviária, a MG-050, e conta hoje com um robusto programa de concessões neste setor.

[81] Esse foi o texto da Emenda Constitucional nº 8, de 15 de agosto de 1995.

também a essa lei prever "a estrutura e atribuições do órgão regulador do monopólio da União" (art. 177, §2º, inc. III).[82]

O surgimento das agências reguladoras foi impulsionado, como se sabe, pelo processo de desestatização instituído ao fechar do século passado. Para além dos projetos de concessões de serviços públicos, o Programa Nacional de Desestatização já havia sido inaugurado por meio da Lei nº 8.031/1990, durante o governo Fernando Collor.[83]

Mas foi no governo Fernando Henrique Cardoso, na esteira do redesenho do papel do Estado, que as privatizações ganharam destaque. A Lei nº 8.031/1990 foi revogada pela Lei nº 9.491/97, e as Emendas Constitucionais nº 5, de 15 de agosto de 1995,[84] nº 6, de 15 de agosto de 1995,[85] nº 7, de 15 de agosto de 1995,[86] nº 8, de 15 de agosto de 1995,[87] e nº 9, de 9 de novembro de 1995,[88] flexibilizaram a participação do Estado em setores marcados pela forte atuação, em especial, de empresas estatais.

---

82 Emenda Constitucional nº 9, de 1995.

83 Vale lembrar que mesmo antes do Programa Nacional de Desestatizações, no Governo de Fernando Collor, já havia ocorrido o Programa Nacional de Desburocratização na década de 1980, quando foram definidas as primeiras diretrizes para a privatização de empresas públicas. Vale lembrar, no entanto, que essa primeira fase era ainda tímida, mas um primeiro passo importante para o programa que iria ser implementado na década seguinte. Ver GUERRA. *Op. cit.*, 2021, p. 159.

84 Artigo único. O parágrafo 2º do art. 25 da Constituição Federal passa a vigorar com a seguinte redação:
"Cabe aos Estados explorar diretamente, ou mediante concessão, os serviços locais de gás canalizado, na forma da lei, vedada a edição de medida provisória para a sua regulamentação".

85 "Art. 176 (...) §1º A pesquisa e a lavra de recursos minerais e o aproveitamento dos potenciais a que se refere o *caput* deste artigo somente poderão ser efetuados mediante autorização ou concessão da União, no interesse nacional, por brasileiros ou empresa constituída sob as leis brasileiras e que tenha sua sede e administração no País, na forma da lei, que estabelecerá as condições específicas quando essas atividades se desenvolverem em faixa de fronteira ou terras indígenas."

86 O art. 178 da Constituição Federal passa a vigorar com a seguinte redação: "Art. 178. A lei disporá sobre a ordenação dos transportes aéreo, aquático e terrestre, devendo, quanto à ordenação do transporte internacional, observar os acordos firmados pela União, atendido o princípio da reciprocidade. Parágrafo único. Na ordenação do transporte aquático, a lei estabelecerá as condições em que o transporte de mercadorias na cabotagem e a navegação interior poderão ser feitos por embarcações estrangeiras".

87 "Art. 21. Compete à União: (...) XI – explorar, diretamente ou mediante autorização, concessão ou permissão, os serviços de telecomunicações, nos termos da lei, que disporá sobre a organização dos serviços, a criação de um órgão regulador e outros aspectos institucionais; XII – (...) a) explorar, diretamente ou mediante autorização, concessão ou permissão: a) os serviços de radiodifusão sonora e de sons e imagens;".

88 "Art. 177 (...) §1º A União poderá contratar com empresas estatais ou privadas a realização das atividades previstas nos incisos I a IV deste artigo observadas as condições estabelecidas em lei."

Um desses setores, com forte presença do Estado empresário, era o de energia elétrica. Grandes empresas, como a Eletrobras e a Companhia Hidrelétrica do São Francisco (CHESF), e empresas estatais estaduais exerciam o monopólio dos serviços públicos de produção, fornecimento e distribuição de energia. No auge do Estado Providência, os serviços públicos eram prestados diretamente pela administração pública e seu braço empresarial, monopolista e inibidor da participação privada.

A partir da década de 1990, o setor elétrico passou por uma reforma particular,[89] que procurou ampliar sua competitividade e eficiência por meio da desintegração vertical da cadeia produtiva da energia elétrica, divisando aqueles serviços que deveriam ser prestados em competição pelo mercado (como é caso da distribuição) ou no mercado (a exemplo da geração e comercialização).[90]

À política de concessões de serviços públicos somaram-se as iniciativas do programa de desestatizações, focadas em privatizar empresas estatais que atuavam no setor elétrico. Entre 1995 e 1996, o governo federal privatizou duas empresas de distribuição de energia elétrica (Light e Escelsa), o que também se seguiu com empresas públicas estaduais (a exemplo da CERJ, do Rio de Janeiro, também privatizada em 1996).

Em um ambiente agora permeado pela iniciativa privada, com novos operadores e regimes diferenciados de prestação de serviços, era necessário que o Estado passasse a intervir indiretamente nesse novo domínio econômico, não somente impedindo abusos, mas induzindo investimentos e prezando pela universalidade da oferta de serviços. Não por outro motivo, a primeira agência reguladora criada no Brasil foi a Agência Nacional de Energia Elétrica, em 1996, responsável pela regulação do setor elétrico. A ela se seguiram outras tantas agências, sobretudo na segunda metade da década de 1990 e início dos anos 2000.

Assim, pode-se registrar a criação das seguintes agências reguladoras no Brasil, em um primeiro movimento concentrado, sobretudo, a partir do fim dos anos de 1990 e início dos anos 2000:

---

89 Destaca-se, nesse sentido, a edição da Lei nº 9.074/1995.

90 FORTINI, Cristiana; FAJARDO, Gabriel; VILLANI, André. Integridade e regulação na prestação do serviço público de distribuição de energia elétrica. *Revista de Estudos Constitucionais, Hermenêutica e Teoria do Direito (RECHTD)*, v. 12, n. 3, p. 485, set./dez. 2020.

a) Lei nº 9.427, de 1996, com a criação da Agência Nacional de Energia Elétrica (Aneel).
b) Lei nº 9.472, de 1997, que criou a Agência Nacional de Telecomunicações (Anatel).
c) Lei nº 9.478, de 1997, que criou a Agência Nacional de Petróleo (ANP).
d) Lei nº 9.782, de 1999, que criou a Agência Nacional de Vigilância Sanitária (Anvisa).
e) Lei nº 9.961, de 2000, que criou a Agência Nacional de Saúde Suplementar (ANS).
f) Lei nº 9.984, de 2000 que criou a Agência Nacional de Águas (ANA).
g) Lei nº 10.233, de 2001, que criou a Agência Nacional de Transportes Terrestres (ANTT) e a Agência Nacional de Transportes Aquaviários (Antaq).
h) Medida Provisória nº 2.228-1/01, que criou a Agência Nacional do Cinema (Ancine).
i) Lei nº 11.182, de 2005, que criou a Agência Nacional de Aviação Civil (Anac).

Embora criadas por leis esparsas, com especialidade setorial,[91] as agências surgidas nesse movimento preservaram, cada qual a partir de seu próprio ordenamento, esses pilares estruturais,[92] os quais garantiriam a viabilização do programa de atração de investidores formatado àquela época. Nesse sentido:

> As agências surgiram entre nós sem uma formulação muito sólida do que seriam e mesmo do para que serviriam. Foram sendo criadas no bojo de leis de reestruturação setorial, o que muitas vezes levou a que fossem

---

[91] FORTINI, Cristiana; FAJARDO, Gabriel. A nova Lei das Agências Reguladoras: impressões iniciais. *Conjur*, 27 jun. 2019. Disponível em: www.conjur.com.br/2019-jun-27/interesse-publico-lei-agencias-reguladoras-impressoes-iniciais. Acesso em: 23 jun. 2025.

[92] "Não havia lei única disciplinando as agências reguladoras, mas as leis instituidoras observavam certo regime jurídico uniforme: todas praticamente foram criadas como autarquias de regime especial, assim caracterizadas: (i) maior autonomia em relação à Administração Pública; (ii) estabilidade de seus dirigentes, garantida pelo exercício de mandato fixo, que só pode ser perdido em hipóteses expressamente previstas, ficando afastada a possibilidade de exoneração *ad nutum*; (iii) caráter final de suas decisões, que não são passíveis de apreciação por outros órgãos ou entidades da Administração Pública." (SCHIER, Adriana da Costa Ricardo; FORTINI, Cristiana; CASIMIRO, Lígia Maria Silvia Melo de; VALLE, Vanice Regina Lírio do (coord.) *Marco Legal das agências reguladoras na visão delas*: comentários à Lei nº 13.848/2019 e à IN nº 97/2020. Belo Horizonte: Fórum, 2021. p. 16).

> criticadas como parte dos processos de desestatização. (...) Verdade é que nos acostumamos com estes entes públicos sem que tivéssemos muita certeza de quais seriam seus contornos jurídicos.[93]

Não houve, portanto, em um primeiro momento, uma lei instituidora do regime geral das agências reguladoras.[94] Ao contrário, primando pela especialidade técnica e pelo setor específico que seria regulado, cada lei criadora foi conformando as atribuições e funções de determinada agência.

Como relatado pela Organização para Cooperação e Desenvolvimento Econômico (OCDE), sem dúvida a criação das agências foi um movimento em prol da maior entrada de investimentos privados no Brasil, em uma sinalização de reestruturação institucional para recebimento desses novos atores. Contudo, se de um lado tal passo significou um relevante aceno, de outro não houve maior reflexão sobre o desenho regulatório desse modelo. É a conclusão do Relatório sobre a Reforma Regulatória no Brasil:

> A grande movimentação em direção à liberalização, privatização e consolidação de uma competição com base na concorrência que ocorreu nos anos 90 demandou uma nova organização institucional. Passos significativos foram dados em termos de política de concorrência. Outras ações incluíram o rápido estabelecimento de diversas agências reguladoras para os setores recentemente privatizados e/ou liberados. Essas estruturas regulatórias foram implementadas antes da privatização do setor. Isso ocorreu com o setor de energia e telecomunicações, por exemplo, mas não no setor de transportes. No entanto, o principal foco político foi a privatização, que criou diversas oportunidades econômicas, contribuindo para o equilíbrio do orçamento público e facilitou a modernização da infraestrutura básica, como, por exemplo, na área de telecomunicações e ferrovias. A esperança era que essa determinação fosse suficiente para atrair investimentos, desencadear mais incentivos para o crescimento e resolver algumas das antigas deficiências de provisão de serviços públicos. O desenho regulatório das agências recebeu menor atenção.[95]

---

93 MARQUES NETO. *Op. cit.*, 2005b, p. 15-16.

94 Vale relembrar que, apesar de não haver uma lei geral de agências reguladoras, em 18 de julho de 2000 foi editada a Lei nº 9.986, que dispunha sobre a gestão de recursos humanos das Agências Reguladoras e dava outras providências.

95 ORGANIZAÇÃO PARA COOPERAÇÃO E DESENVOLVIMENTO ECONÔMICO (OCDE). *Relatório sobre a reforma regulatória no Brasil*: fortalecendo a governança para o crescimento. Paris: OECD Publishing, 2008. p. 14.

Já em 2005, após a criação de diversas agências reguladoras no executivo federal, Floriano de Azevedo Marques Neto propunha a elaboração de uma lei geral que dispusesse sobre o regime das agências reguladoras.[96] Para o autor, tal lei serviria aos objetivos de: (i) divisar os requisitos para o órgão ser qualificado como uma agência independente de regulação; (ii) uniformizar o regime jurídico das agências; e (iii) solucionar questões ainda não resolvidas, como o processo de indicação do dirigente máximo do órgão e o regime de pessoal de seus agentes.[97]

Posteriormente, em 2015, o Ministério da Fazenda criou um Grupo de Trabalho para aprimoramento das normas relativas ao ambiente de negócios no Brasil, o qual se debruçou também sobre as agências reguladoras. Egon Bockmann Moreira narra que a primeira proposta redigida para o normativo tinha quatro principais focos: (i) normas assecuratórias da independência; (ii) dispositivos que disciplinassem a nomeação de seus diretores; (iii) a definição expressa de sua competência normativa e decisória; e (iv) a disciplina dos processos administrativos por elas desenvolvidos.[98]

A Lei nº 13.848/2019 foi sancionada com o objetivo de estabelecer normativa sobre "a gestão, a organização, o processo decisório e o controle social das agências reguladoras".

A lei já trouxe, no art. 2º, no plano federal, quais agências se classificariam como agências reguladoras para fins de sua disposição, a saber: Agência Nacional de Energia Elétrica (Aneel); Agência Nacional do Petróleo, Gás Natural e Biocombustíveis (ANP); Agência Nacional de Telecomunicações (Anatel); Agência Nacional de Vigilância Sanitária (Anvisa); Agência Nacional de Saúde Suplementar (ANS); a Agência Nacional de Águas (ANA); Agência Nacional de Transportes Aquaviários (Antaq); Agência Nacional de Transportes Terrestres (ANTT); Agência Nacional do Cinema (Ancine); Agência Nacional de Aviação Civil (Anac); e a Agência Nacional de Mineração (ANM).

---

96 Em 2003, foi instituído o Grupo de Análise e Avaliação do papel das Agências Reguladoras no Atual Arranjo Institucional Brasileiro, do qual decorreu o Projeto de Lei nº 3337/2004, que não chegou a ser aprovado na Câmara dos Deputados. Mas vê-se que, ao longo da primeira e da segunda década do século XXI, diversas foram as tentativas de uniformizar o regime das agências reguladoras em uma lei geral.

97 MARQUES NETO. *Op. cit.*, 2005b, p. 133-134.

98 MOREIRA, Egon Bockmann. Agências reguladoras independentes: a necessidade de seu reforço institucional por meio de uma lei-quadro. *Direito do Estado*, 22 jun. 2016. Disponível em: www.direitodoestado.com.br/colunistas/egon-bockmann-moreira/agencias-reguladoras-independentes-a-necessidade-de-seu-reforco-institucional-por-meio-de-uma-lei-quadro. Acesso em: 23 jun. 2025.

A disposição preambular com o rol de agências de forma taxativa é importante para definir sobre quais entidades o feixe de disposições da lei incidiria. Isso porque, embora sem o nome de agências reguladoras, entidades como o Conselho Administrativo de Defesa da Concorrência (CADE) e a Comissão de Valores Mobiliários (CVM)[99] teriam características irmanadas àquelas que classicamente são identificadas como de agências.[100] No entanto, por terem sido criadas anteriormente à década de 1990, antes do movimento de tropicalização do modelo de agências, essas entidades não se perfilaram ao modelo implantado à época das desestatizações.

Alexandre Santos de Aragão narra que na Europa, quando do surgimento das Autoridades Administrativas Independentes, também em contexto de desestatizações da década de 1980, formulou-se um conceito geral e, a partir dele, foram colocados diversos órgãos já existentes, a exemplo dos Bancos Centrais, que passaram a se enquadrar em tal categoria, ainda que não tivessem o nome afiliado à natureza jurídica então estabelecida. Assim, para Aragão, "o critério adotado para a conceituação das agências reguladoras no direito comparado europeu, portanto, demonstrou estar muito menos ligado à nomenclatura de determinada situação e muito mais atento às suas características materiais",[101] no sentido oposto, portanto, ao adotado pelo Brasil.[102]

Assim, a Lei Geral das Agências Reguladoras veio sistematizar, para as entidades já criadas, características que, de alguma forma, já se encontravam espraiadas nas leis de criação das agências elencadas pelo novo normativo. É simbólico, por exemplo, que o art. 3º da Lei nº 13.848/2019 estabeleça que:

---

99 Sérgio Guerra chega a identificar outras entidades que também se aproximariam das agências reguladoras, mas que, no entanto, não são identificadas com tal natureza jurídica pela doutrina, jurisprudência e, mais recentemente, pela própria Lei nº 13.848/2019: "Deparou-se, ainda, nesta pesquisa, com o surgimento de outras entidades com algumas características das entidades reguladoras autônomas instituídas sob os influxos do modelo de administração gerencial: o Conselho Nacional de Previdência Complementar (CNPC) e a Superintendência Nacional de Previdência Suplementar (PREVIC)" (GUERRA. *Op. cit.*, 2021, p. 285).

100 Autarquias como o CADE e a CVM, contudo, exatamente por terem sido criadas antes do referido período e sem o nome de agência, até hoje não costumam ser tratadas como agências reguladoras, apesar de terem um arcabouço autonômico muitíssimo semelhante ao das entidades enumeradas pela Lei (ARAGÃO, Alexandre Santos de. Considerações iniciais sobre a Lei Geral das Agências Reguladoras. *Revista de Direito da Administração Pública*, ano 5, v. 1, n. 1, p. 7-23, jan./jun. 2020).

101 ARAGÃO. *Op. cit.*, 2020, p. 10.

102 Há que se reconhecer, no entanto, que no Brasil existem entidades com o nome de "agências" e que também não são reconhecidas como agências reguladoras independentes. É o caso da Agência Brasileira de Inteligência, criada por meio da Lei nº 9.883/1999.

> (...) a natureza especial conferida à agência reguladora é caracterizada pela ausência de tutela ou de subordinação hierárquica, pela autonomia funcional, decisória, administrativa e financeira e pela investidura a termo de seus dirigentes e estabilidade durante os mandatos, bem como pelas demais disposições constantes desta Lei ou de leis específicas voltadas à sua implementação.[103]

Isso porque é justamente em vista dessas características que as agências foram criadas no passado, com instrumentos que já buscavam trazer a autonomia e independências necessárias para o aumento da segurança jurídica e previsibilidade nos investimentos que seriam realizados no Brasil. Vê-se que, passados mais de vinte anos entre a primeira lei criadora de uma agência reguladora brasileira e a lei geral, houve a necessidade de se negritar tais características, em um movimento de defesa da autonomia e independência dessas entidades.

---

[103] BRASIL. *Lei nº 13.848, de 25 de junho de 2019*. Brasília, DF: Presidência da República, [2019]. Disponível em: www.planalto.gov.br/ccivil_03/_ato2019-2022/2019/lei/l13848.htm. Acesso em: 23 jun. 2025.

CAPÍTULO 2

SETORES DUPLAMENTE REGULADOS: ATUAÇÃO DAS AGÊNCIAS REGULADORAS E CARACTERÍSTICAS DOS CONTRATOS DE CONCESSÃO

Como visto, as agências reguladoras foram incorporadas à administração pública brasileira a partir de um contexto em que havia, de um lado, privatizações de empresas estatais e, de outro, aumento da prestação dos serviços públicos pela via indireta, na exata forma autorizada pelo art. 175 da CR/1988.

Essa ambivalência de movimentos – privatizações e concessões – é didática ao predispor sobre a atuação da regulação das agências reguladoras a partir desse contexto histórico-econômico: de um lado, atividades e serviços prestados sob o regime jurídico de direito privado e ampla concorrência; de outro, serviços delegados via contrato de concessão ou parceria público-privada.

Assim, há que se considerar a regulação pública exercida por instrumentos diferenciados, que não se contrapõem ou se contradizem; ao contrário, são por vezes complementares e integrativos. Pedro Costa Gonçalves destaca que a regulação é exercida por meio de um quadro regulatório de base ou transversal e por regulação setorial.[104]

Na acepção da transversalidade, a regulação não atinge um operador ou prestador de serviço específico, mas sim o mercado de forma geral. Seriam componentes desse tipo de regulação a regulação da concorrência, que busca definir limitações e proibições, bem como reprimir abusos dos operadores econômicos, e a regulação normativa,

[104] GONÇALVES. *Op. cit.*, 2013, p. 79.

consubstanciada através dos regulamentos administrativos que "se destinam a orientar os comportamentos dos atores do mercado".[105]

Para esta última espécie de regulação – a regulação setorial –, Pedro Costa Gonçalves destaca, ainda, que está sujeita a uma estratégia regulatória, responsável por definir a estrutura institucional da regulação. Haveria, nesse caso, três opções possíveis, segundo o autor: a adoção de um modelo de agência, da regulação por contrato ou um modelo misto, que conjugasse agência e contrato no exercício regulatório.[106]

Assim é que não há, para as autoridades reguladoras independentes, uma exclusão entre o modelo de regulação por agência e por contrato. Em vista das especificidades do setor regulado e da natureza dos serviços prestados pelo mercado, a regulação será veiculada.

No Brasil, a especificidade dos serviços públicos, em convivência com as atividades prestadas concorrencialmente em mercado, traz uma dupla acepção da regulação por agência. Explica-se.

Sabe-se que os contratos de concessão de serviços públicos foram os instrumentos escolhidos pelo constituinte – e depois conformados pelo legislador infraconstitucional – para nortear a delegação dos serviços titularizados pelo Estado. Seriam eles, portanto, os responsáveis por veicular a regulação dos serviços públicos concedidos.[107]

Mas nem todo serviço prestado por particulares configura-se como serviço público, e alguns, ainda assim, estão sujeitos à regulação setorial via agências reguladoras. As agências, assim, não estão adstritas à regulação de serviços públicos, mesmo que concedidos, tendo em vista que espraiam sua função regulatória – com os diversos instrumentos que têm para exercer tal função – por diversas atividades prestadas pelos agentes econômicos.

Nesse sentido, a contribuição de Thiago Priess Valiati é valiosa ao relacionar o contexto e o surgimento das agências reguladoras com o exercício da regulação por elas praticado:

---

[105] *Ibidem*, p. 80.

[106] O modelo de agência instituiria uma entidade para realizar a regulação setorial, através de normas regulatórias emitidas a partir da especificidade do setor regulado (GONÇALVES. *Op. cit.*, 2013, p. 82).

[107] "A modelagem do contrato de concessão também se enquadra como importante técnica de regulação, em especial quando a atividade regulada se caracteriza por ser um serviço público" (GARCIA, Flávio Amaral. *Regulação Jurídica das Rodovias Concedidas*. Rio de Janeiro: Lumen Juris, 2004. p. 79).

> (...) tem-se, a partir dos anos 1990, a constituição de diversas agências reguladoras no ordenamento nacional com suas respectivas configurações e motivos. E, entre os principais motivos, está a salvaguarda da estabilidade regulatória nos setores que foram objeto de privatização formal, a implementação de políticas públicas e a disciplina de diversos setores de elevado interesse social. Cada agência possui poderes com determinada característica e atribuição para intervir sobre certo aspecto da vida social. Portanto, a função regulatória de tais entidades pode ser exercida tanto sobre os serviços públicos, como a Agência Nacional de Energia Elétrica (ANEEL) e a Agência Nacional de Telecomunicações (ANATEL), como sobre atividades econômicas em sentido estrito, coma Agência Nacional de Vigilância Sanitária (ANVISA).[108]

O que se afirma preliminarmente nesse ponto, portanto, é que a regulação exercida pelas agências reguladoras não se resume ou se encerra nos contratos de concessão e nas atividades delegadas aos particulares.[109] São, ao contrário, dotadas de instrumentos e estratégias para exercer uma regulação ampla, multidisciplinar (embora setorial) e com diferentes abordagens e atos jurídicos para diversas atividades – prestadas sob os mais distintos regimes jurídicos. É o que se depreende de Floriano de Azevedo Marques Neto:

> Em suma, a Constituição atribui ao Estado competência para exercer o papel de agente regulador da economia. Porém, tal competência admite infinitos matizes. Variará conforme a combinação dos vetores de regulação setorial (quando houver) com a regulação geral (sempre incidente, em maior ou menor grau, conforme a relevância econômica do setor e os interesses envolvidos). Variará de abrangência e de intensidade, conforme se houver, respectivamente, o legislador (a quem compete prever a incidência de uma determinada carga regulatória específica)

---

108 VALIATI, Thiago Priess. O sistema duplo de regulação no Brasil: a regulação por contrato complementada pela regulação por agência: The double regulatory system in Brazil: regulation by contract complemented by regulation by agency. *Revista de Direito Administrativo e Infraestrutura – RDAI*, São Paulo, v. 3, n. 8, p. 30, 2019.

109 Na doutrina de Carlos Ari Sundfeld: "Um efeito positivo da adoção do termo regulação é superar essa dualidade radical 'serviços públicos x atividades econômicas'. O termo regulação está ligado aos debates sobre a intervenção estatal na economia, debates esses de teoria econômica, especialmente norte-americana (onde não se usa a dualidade poder concedente x poder de polícia). No Brasil, ainda estamos nos acostumando a usar termo único para designar tanto a autoridade sobre, p. ex., o setor elétrico (serviço público, em nossa tradição), como sobre o setor financeiro (atividade privada). Mas tudo agora é regulação: sobre serviços de saneamento básico, transportes coletivos, venda de medicamentos, plantio de transgênicos etc." (SUNDFELD, Carlos Ari. Direito público e regulação no Brasil. *In*: GUERRA, Sérgio (org.) *Regulação no Brasil*: uma visão multidisciplinar. Rio de Janeiro: FGV, 2014. p. 125).

> e agente regulador (a quem competirá manejar os instrumentos regulatórios colocados à sua disposição pelo legislador, sopesando em cada momento, o grau de incidência regulatória necessário à situação e aos objetivos da regulação).[110]

Mas, para fins do que se pretende neste recorte apresentado, é importante que se delimite a função regulatória como aquela que será exercida sobre os serviços titularizados pelo Estado e delegada a particulares, através dos contratos de concessão. É sobre essa parte de atuação das agências que se iniciará a compreensão sobre quais são as características da atuação e dos instrumentos para regulação dessas delegações.

2.1 Contratos de concessão como instrumentos de regulação: os contratos regulatórios

A compreensão da importância da independência das agências reguladoras está vinculada diretamente à atuação dessas entidades. No primeiro capítulo deste livro, dissertou-se sobre os elementos-chave da criação das agências, os motivadores de sua concepção e a institucionalização na estrutura da administração pública brasileira.

Mas as agências reguladoras não são entidades etéreas – são, antes de tudo, pessoas jurídicas que integram os vínculos público-privados e têm forte interseção com o objeto da delegação realizada pela administração pública.

Há uma importante conexão entre os contratos e as agências reguladoras. Os contratos são, antes, um fundamental instrumento de regulação, ou um "mecanismo jurídico", ou, ainda, uma "estratégia de implementação de regulação pública administrativa".[111]

Significa dizer que a função regulatória do Estado será exercida através de um contrato administrativo, enlaçando o ente público e o ente privado com regras que nortearão as atividades dos contratantes e que servirão como instrumento para a implementação daquilo que a administração pública pretende alcançar.

---

[110] MARQUES NETO, Floriano de Azevedo. Limites à Abrangência e à Intensidade da Regulação Estatal. *Revista de Direito Público da Economia*, Belo Horizonte, n. 1, p. 76, jan./mar. 2003.

[111] GONÇALVES. *Op. cit.*, 2013, p. 91.

Reafirma-se assim, primeiramente, a natureza eminentemente contratual da concessão – assertiva que parece óbvia, mas suscita divergências doutrinárias de longa data. Floriano de Azevedo Marques Neto destaca a existência de basicamente três vertentes que se debruçaram sobre a natureza jurídica das concessões: (i) a unilateralista, que advoga no sentido de que a concessão é uma manifestação da autoridade, sem que haja vontade ou acordo entre as partes; (ii) a vertente contratualista, que confia na existência de um acordo jurídico bilateral, a partir do qual só se viabiliza a outorga caso o particular aquiesça; e, ainda, (iii) a vertente que entende que as concessões são um ato complexo, bipartido, "compreendendo um ato unilateral da administração, antecedente, seguido por um acordo de natureza contratual versando sobre o âmago negocial, este dependente de um ajuste de vontades".

De todos esses cenários, contudo, é inegável que, ao menos no contexto brasileiro, sobressai-se o caráter contratual das concessões, estabelecendo normas contratuais vinculantes para as partes, incluindo a administração pública. O vínculo é estabelecido, portanto, como um acordo entre as partes e a partir das regras avençadas, através das quais o Poder Público cristalizará as políticas que pretende implementar e o que está a esperar como resultado dessa estratégia regulatória, enquanto o particular manifestará sua vontade de se enlaçar em um negócio jurídico de longo prazo.[112]

Esse contrato servirá como fonte de obrigações e direitos das partes, não apenas como um ato-delegação, mas sim como uma verdadeira fonte normativa. Retomando Floriano de Azevedo Marques Neto:

> (...) esse contrato estabelece, em relação ao objeto concedido, a normatividade própria a disciplinar todos os aspectos da relação jurídica que

[112] "A concessão só se perfaz pela convergência de interesses, veiculados por manifestações de vontades distintas, mas ambas imprescindíveis para que haja o vínculo. De um lado, o poder concedente, que externa sua decisão de delegar uma utilidade pública. Tal decisão pode se dar por uma manifestação legislativa, uma decisão de órgão colegiado, um ato administrativo emitido por autoridade singular, ou um procedimento disciplinado em lei e culminado em um ato. (...) Do lado do particular, a manifestação de vontade se revela ou pela apresentação de oferta vinculante num processo licitatório, ou pela apresentação de requerimento firme nos casos em que a concessão não for necessariamente precedida de licitação.(...) Externadas essas duas declarações, (...) a concessão, na acepção aqui defendida, assume um caráter contratual, mas não de natureza bilateral comutativa simples. Enquanto contrato, a concessão tem parcela de obrigações bilaterais e recíprocas, ao mesmo tempo em que possui também caráter de contrato de associação ou contrato plurilateral" (MARQUES NETO, Floriano de Azevedo. *Concessões*. Belo Horizonte: Fórum, 2015. p. 147-148).

> se estabelece entre concedente, concessionário e terceiros. Segue daí que essa normatividade infralegal corresponde a um verdadeiro contrato regulatório (...).[113]

Nesse caso, o contrato não surge como uma técnica para a regulação ser exercida, como uma ferramenta em substituição aos tradicionais atos administrativos unilaterais direcionados ao mercado em geral, mas antes como um instrumento para que a regulação da agência possa se performar com finalidades específicas a partir de determinada relação público-privada, que se insere em uma estratégia macro.

Pedro Costa Gonçalves diferencia essas situações, aproximadas em virtude da existência do vínculo contratual, de forma a divisar quando a regulação se exercerá via contrato regulatório como uma forma de implementação das normas regulatórias e quando ele será veículo para a consecução de uma estratégia regulatória.[114]

Na primeira situação, segundo o autor, o contrato regulatório tem como objeto direto a regulação administrativa, sendo substituto de medidas regulatórias que a agência poderia determinar de forma geral, mas, diante de um determinado contexto, a entidade dá preferência à vinculação contratual, de forma a gerar previsibilidade e segurança jurídica.[115]

Em outra hipótese, o contrato regulatório é uma estratégia, e não uma técnica, ou seja, há uma predileção pela celebração de contratos entre entres públicos e privados, de forma a veicular obrigações em um exercício de autorregulação, com objetivos definidos antes em um quadro geral, uma "modalidade de organização de um sistema de regulação".

Nesse sentido, identifica Flávio Amaral Garcia que:

> Assim, questões como a estrutura tarifária, metas de qualidade, indicadores de desempenho, compromissos de investimentos, partilha de riscos entre as partes, mecanismos de recomposição do equilíbrio econômico-financeiro do contrato, universalização do serviço, método de alocação de riscos, sistema de monitoramento e avaliação e resultados

---

[113] *Ibidem*, p. 159.

[114] GONÇALVES. *Op. cit.*, 2013, p. 138.

[115] Para o autor, essa hipótese configura-se como uma ponderada decisão de diminuição da discricionariedade regulatória: "a discricionariedade exerce-se no momento da celebração do contrato, e fica como que congelada" (GONÇALVES. *Op. cit.*, 2013, p. 137).

a serem atingidos são algumas das escolhas regulatórias que serão determinantes para aferição da eficiência do operador econômico na consecução do interesse público.[116]

Nesse caso, não seria nem ao menos necessária uma agência reguladora, na medida em que o próprio contrato exerce a função regulatória.[117] Os contratos de concessão, assim, surgem exatamente como essa modalidade, ou um tipo de contrato regulatório, a partir do qual é exercida a autorregulação. Ainda, conforme Pedro Costa Gonçalves:

> Nesta aplicação, o contrato regulatório não constitui, portanto, uma novidade; em rigor, não representa mais que um novo nome para uma velha realidade. Sem questionar essa asserção, sempre se deve sublinhar, em primeiro lugar, que a categorização de um contrato de concessão como regulatório enfatiza uma perspectiva de consideração daquele enquanto expressão de uma estratégia regulatória, e, em particular, de uma opção por um modelo de regulação assente no consenso (autorregulação) e não na hierarquia (hétero-regulação). Em especial, a escolha do contrato neste contexto denota a preferência por um modelo de regulação que confere uma proteção reforçada aos regulados, designadamente ao tutelar a confiança que depositam nas normas (contratuais) regulatórias, uma vez que, em caso de alteração dessas normas, emerge em benefício deles um direito à reposição do equilíbrio inicial.[118]

A assertiva é de fácil comprovação no caso brasileiro, no qual os contratos de concessão costumeiramente são celebrados entre contratantes públicos e privados, ainda que ausente a figura da agência reguladora para determinado setor. Especialmente nos entes subnacionais, contratos de concessão são firmados entre o titular do serviço e o privado, tendo em vista que a implementação de uma agência, por vezes, trará complexidade à estrutura administrativa incompatível com o recorte econômico-político de determinado setor ou ente político.

---

116 GARCIA. *Op. cit.*, 2019b, p. 136.

117 "Estando já demonstrado que o contrato, enquanto figura jurídica, se perfila como um suporte capaz e idôneo para colher todas as facetas da regulação pública administrativa – estabelecimento de regras, acompanhamento e fiscalização de regras e punição das infrações às regras – compreende-se que o legislador tenha a liberdade de submeter um determinado setor da econômica a uma regulação por contrato em vez de instituir um modelo de regulação por agência" (GONÇALVES. *Op. cit.*, 2013, p. 138).

118 GONÇALVES. *Op. cit.*, 2013, p. 139.

Minas Gerais, por exemplo, tem reconhecidamente um dos programas de concessão mais robustos do Brasil,[119] tendo celebrado as primeiras parcerias público-privadas do país, como a PPP da MG-050 e do complexo penal de Ribeirão das Neves. O Estado, contudo, não tinha, à época da celebração de tais contratos, em sua estrutura administrativa tais agências reguladoras para esses setores.[120] Exemplo semelhante é do Estado do Piauí, que também conta com grandes projetos contratados, sem a existência de entidade reguladora independente.

Significa dizer, então, que os contratos de concessão, ainda que prescindam da presença da agência reguladora para serem celebrados, serão uma importante fonte para exercício da função regulatória exercida por esses entes. E é justamente na interface entre contratos e agência, entre as regras contratualizadas e o exercício da heterorregulação, que estarão estabelecidos os limites, possibilidades e a importância da atuação dessas entidades, no contexto de setores duplamente regulados.

2.2 Interações entre a regulação por contrato e regulação por agência

O reconhecimento de que os contratos são instrumentos de regulação que não elidem ou afastam a existência e a atuação das agências reguladoras é premissa para se compreender a existência de setores duplamente regulados. É dizer: quando realizada a escolha político-administrativa de se criar uma agência reguladora para atuar em determinado setor, e quando os serviços prestados pelo ente público forem passíveis de delegação aos particulares via contratos de concessão, existirá uma dupla regulação.

---

[119] O estado de Minas Gerais foi o primeiro estado do país a ter uma lei sobre parcerias público-privadas, antes mesmo da edição da Lei nº 11.079/2004. O Estado criou a primeira Unidade de Parceria Público-Privada no país, tendo celebrado a primeira PPP rodoviária na modalidade de concessão patrocinada, nacional. Trata-se da PPP da MG-050, que inclui trecho concessionado inclui as rodovias MG-050, BR-491 e BR-265, que interligam a Região Metropolitana de Belo Horizonte (RMBH) à divisa com São Paulo. Outros projetos que também foram celebrados por Minas Gerais, em que pese a inexistência de uma agência reguladora setorial, foram: concessão rodoviária da BR 135; concessão dos serviços públicos da balsa Manga – Matias Cardoso; concessão das Unidades de Atendimento Integrado (UAIs); concessão do presídio de Ribeirão das Neves; entre outros. Para detalhamento do programa de PPPs do Estado de Minas Gerais, ver: http://www.ppp.mg.gov.br (acesso em: 7 jul. 2025).

[120] Posteriormente, em 2025, foi aprovada a criação da Agência Reguladora de Transportes de Minas Gerais (ARTEMIG), por meio da Lei nº 25.235/2025.

A existência do contrato regulatório não afasta, portanto, a regulação via agência reguladora com seus próprios instrumentos para tanto (regulamentos, atos etc.), embora reduza sensivelmente o exercício normativo dessas entidades, que se verão obrigadas a observar os limites e contornos autorregulados por meio do contrato regulatório.[121]

É de se reforçar, contudo, que a contratualização reforçada da regulação foi necessária em vista do ambiente político-econômico brasileiro marcado por forte instabilidade. Se as agências reguladoras, como visto, foram criadas com o objetivo de trazer segurança jurídica, tecnicidade e estabilidade para os investimentos privados, elas, ainda assim, não seriam capazes de, por si só, mitigar todos os riscos e vulnerabilidades de projetos ricos em capital intensivo. Os contratos de concessão, assim, conseguiriam cristalizar regras no longo prazo, subtraindo o risco político e as imprevisões do futuro.

No contexto brasileiro, marcadamente composto de fortes crises políticas e econômicas,[122] as agências reguladoras não seriam

---

[121] "A regulação futura exercida pela agência é influenciada e condicionada pelas decisões técnicas, econômicas, financeiras e políticas consensualmente fixadas no compromisso regulatório. Não por outra razão que, ao se contratualizar a regulação, reduz-se a discricionariedade da agência" (GARCIA. *Op. cit.*, 2019b, p. 136).

[122] Inúmeros são os casos, na experiência brasileira, que traduzem o risco político não apenas como uma situação hipotética, mas como uma possibilidade real em vista das conjunturas político-partidárias. Vale ressaltar, como exemplo, o caso da Linha Amarela do Rio de Janeiro, uma concessão rodoviária na qual o Prefeito da cidade do Rio de Janeiro, Marcelo Crivella, derrubou praças de pedágio com retroescavadeiras, sem que antes tivesse sido realizada a encampação ou caducidade do contrato. O tema foi parar no Poder Judiciário e é simbólico para demonstrar o risco político. Já se escreveu sobre esse caso em: FORTINI, Cristiana; FAJARDO, Gabriel. Linha Amarela e o castelo de areia da segurança jurídica. *Jota*, 2 out. 2020. Disponível em: www.jota.info/opiniao-e-analise/colunas/infra/linha-amarela-castelo-areia-seguranca-juridica-02102020. Acesso em: 23 jun. 2025. Outro caso famoso no Brasil em relação aos contratos de concessão rodoviária são as rodovias do Paraná. As concessões foram firmadas em 1997, durante o governo Jaime Lerner, ainda durante as primeiras rodadas de delegações. O ex-governador Roberto Requião, eleito em 2002, tinha, contudo, como uma de suas principais promessas de campanha o lema "Baixa ou acaba", propondo que os pedágios deveriam ser diminuídos. Requião chegou a negar 42 vezes os pedidos de reajuste dos pedágios, que eram contratualmente estabelecidos. As concessionárias tiveram que recorrer à justiça para garantir a recomposição inflacionária. Em 2011, já ex-governador e enquanto senador pelo Paraná, Requião assim se manifestou durante a 90ª Sessão Não Deliberativa do Senado Federal: "Quando fui candidato ao governo do Paraná, em 2002, diante dos abusos dos contratos de concessão de pedágio de rodovias do Estado, lancei o seguinte repto: ou o pedágio baixa ou acaba. Fui eleito, fui reeleito e fiquei quase oito anos tentando diminuir o preço das tarifas de pedágio ou brigando na Justiça para rever ou anular os contratos. Solitariamente. De todos os lados era cercado e bombardeado pela mesma e conservadora sentença: *pacta sunt servanda*. Os contratos devem ser cumpridos. Como se existisse direito adquirido contra o interesse público. Até mesmo uma CPI da Assembleia Legislativa do Paraná concluiu que não havia nada de errado com a privatização de nossas estradas, dificultando ainda

capazes de, por si só, garantir o conforto institucional para relações duradouras.[123]

Assim é que a conjugação das agências reguladoras e os contratos de concessão traria para as parcerias a estabilidade necessária para o cumprimento das avenças firmadas e a gestão e fiscalização das obrigações de parte a parte, de forma a garantir a prestação dos serviços adequados.

Em estudo realizado pelo Banco Internacional de Desenvolvimento, defendeu-se que a decisão do investidor seria realizada a partir de três "*gates*", ou três variáveis que, conjugadas, seriam capazes de garantir atratividade para projetos de concessão e parcerias público-privadas. Seriam eles: (i) o ente contratante; (ii) o desenho contratual proposto; e (iii) o comportamento do regulador. Relatou-se no estudo que:

> Em um primeiro momento, identificamos que o investidor levará em conta o histórico de atuação do ente que está propondo a PPP com relação aos seus contratos passados. Passado o crivo de confiabilidade do ente, a análise volta-se ao contrato e aos mecanismos que garantem

---

mais a difícil luta do Governador contra as escorchantes tarifas de pedágio no Paraná e no País. (...) Durante os quase oito anos de mandato, neguei todos os pedidos de aumento de tarifa feitos pelas concessionárias. Os aumentos foram concedidos pela Justiça, via liminares. São mais de cem ações nos tribunais discutindo tarifas, obras, lucros, ou exigindo a devolução dos excedentes arrecadados desde 98. Em contrapartida, com cinismo, com arrogância, com prepotência, as concessionárias foram à Justiça contra o governo do Estado, pedindo indenizações tanto absurdas quanto milionárias porque eu neguei todos os aumentos, porque cobrei a falta de obras, porque denunciei os lucros exorbitantes, porque quis auditar suas contas, abrir suas planilhas, escancarar a mutreta toda" (SENADO FEDERAL. *Pronunciamento de Roberto Requião em 3/6/2011. Discurso durante a 90ª sessão não deliberativa*. Disponível em: www25.senado.leg.br/web/atividade/pronunciamentos/-/p/pronunciamento/388427. Acesso em: 7 jul. 2025).

123 "Embora várias circunstâncias possam contribuir para o fenômeno e múltiplos fins possam estar na mente do legislador, o estabelecimento de um sistema duplo de regulação – regulação por contrato combinada com regulação por agência – pretende introduzir, no processo regulatório, as vantagens do compromisso contratual (com a diminuição da discricionariedade regulatória da agência) e da proteção reforçada do equilíbrio entre o que se exige da empresa regulada e o que se lhe dá em troca, em termos de garantia do retorno do investimento efetuado. Em certos contextos, a regulação por contrato revela-se um instrumento essencial para atrair investimentos privados que, de outro modo, só com a regulação por agência não se realizariam. É verdade que não há garantias absolutas contra o incumprimento do Estado, seja enquanto contratante ou enquanto regulador; mas o incumprimento contratual tem a vantagem de se revelar facilmente como um ato ilícito, resultado que pode não se afigurar tão nítido no caso de uma mera alteração de normas que regulam um determinado mercado" (GONÇALVES. *Op. cit.*, 2013, p. 140-141).

a confiabilidade do pagamento. Por fim, o comportamento do regulador do contrato também determinará em grande medida as formas em que o parceiro privado poderá acessar o que lhe é devido.[124]

Assim, é apenas na interface entre bons contratos e bons reguladores que o investimento poderia ser realizado, confiando-se no longo prazo como vetor de retorno da aposta privada. É nesse cenário de conformação entre contratos e agência que a doutrina se posiciona pela existência de um "duplo sistema de regulação" no Brasil. Esse sistema conjugaria a existência dos contratos regulatórios – como os contratos de concessão – com a atuação das agências reguladoras setorialmente criadas para a condução de determinada função regulatória específica.

A celebração dos contratos de concessão, portanto, não afastaria a possibilidade de criação de um ente independente para regular a relação público-privada, valendo-se da aplicação dos próprios contornos contratuais, mas também dos demais instrumentos de atuação à disposição dessas autarquias especiais.

A autorregulação, assim, ainda que necessária para assegurar às partes previsibilidade e segurança por meio da celebração de vínculo contratual, não encerraria a função regulatória, a qual seria complementada pela heterorregulação exercida por entidade técnica, independente e setorialmente especializada.

É exatamente nesse sentido a doutrina de Flávio Amaral Garcia:

---

124 No estudo realizado, foram apresentadas as seguintes percepções relacionadas a cada um dos "*gates*" trazidos para decisão de investir: o olhar sob o ente contratante analisaria o histórico de contratos já celebrados, bem como a capacidade de cumprimento e o *rating* do ente federado. Após essa análise de risco-país, viria a avaliação de como o ente contratante preza por uma cultura de diálogo público-privada, a existência de um robusto *pipeline* de projetos, processos de licitação transparentes, estruturas legais que definem os trâmites de estruturação das parcerias e mecanismos institucionalizados para recebimento de contribuições do mercado privado. O desenho contratual também seria um *gate* de decisão do investidor, que analisaria, em especial: (i) as cláusulas de pagamento; (ii) o sistema de mensuração de desempenho; (iii) os mecanismos de reequilíbrio econômico-financeiro; e (iv) as cláusulas de saída. Por fim, também seria avaliado o comportamento do regulador, especialmente quanto à sua capacidade técnica, à possibilidade de sua captura política e à divisão de papéis entre poder concedente e ente regulador (BANCO INTERAMERICANO DE DESENVOLVIMENTO. *O Estado como bom pagador*. São Paulo: BID, 2021. Disponível em: https://publications.iadb.org/publications/portuguese/document/O-Estado-como-Bom-Pagador-a-estruturacao-de-garantias-e-outros-instrumentos-de-pagamento-para-atracao-de-investimentos-de-alta-qualidade-na-America-Latina-e-Caribe.pdf. Acesso em: 23 jun. 2025).

> Convém sublinhar que nos setores regulados por agências é possível identificar um "sistema duplo de regulação", com a convivência entre compromissos, obrigações e comportamentos e condutas consensualmente firmados entre as partes e instrumentalizados por meio de contrato de concessão ou qualquer outro arranjo jurídico estruturante de um projeto de interesse público com as demais funções que serão exercidas pelas entidades autônomas heterorreguladoras durante a execução do ajuste.[125]

Ainda, Tonci Bakovic, Bernard Tenenbaum e Fiona Woolf, analisando a convivência entre esses dois sistemas regulatórios, relatam que alguns autores chegam a afirmar que a *regulation by contract* é uma alternativa à regulação independente das agências reguladoras, aproximando-se do que intitulam *regulation without a regulator*. Essa seria uma primeira visão sobre a regulação contratual, a qual, de forma exaustiva, traria os parâmetros para a prestação do serviço, as regras tarifárias, as condições de alteração da delegação. Nesse caso, seria dispensável a existência de uma agência reguladora, tendo em vista que mesmo as disputas e controvérsias poderiam ser resolvidas pelos sistemas de composição previstos no instrumento firmado entre as partes.

Uma segunda visão, contudo, seria a de que a regulação por contrato definiria as bases para prestação do serviço, mas não encerraria a função regulatória, limitando a discricionariedade do regulador independente, mas utilizando-se dele para o acompanhamento, fiscalização, cumprimento e complementação das regras contratuais colocadas.[126]

Sem dúvida, em setores nos quais existam agências reguladoras, a maior ou menor participação desses entes, no exercício criativo da regulação, surgirá a partir dos espaços delimitados no contrato. A escolha do modelo regulatório é essencial,[127] portanto, para dar maior

---

[125] GARCIA. *Op. cit.*, 2019b, p. 134-135.

[126] BAKOVIC, Tonci; TENENBAUM, Bernard; WOOLF, Fiona. *Regulation by contract*: a new way to privatize electricity distribution? Washington: The World Bank, 2003. p. 15.

[127] Nesse ponto, destaca-se que a escolha do modelo regulatório recairá também sobre uma análise da regulação de preços, não propriamente da conformação institucional e jurídica, mas sim da teoria econômica. Nesses casos, especialmente nos mercados em que há monopólio natural, estar-se-á diante de dois tipos de regulação: a regulação contratual e a regulação discricionária. Na regulação discricionária, haverá revisões periódicas de tarifa com base nos preços da firma (*cost based*), enquanto na regulação contratual os preços serão definidos através do procedimento licitatório e estarão sujeitos apenas aos mecanismos de revisão contratual: reajuste reequilíbrio econômico-financeiro etc. Assim, haverá significativa diferença da atuação das agências reguladoras diante da escolha econômica realizada para regulação dos preços, em especial em mercados monopolizados. Nesse sentido, Fernando Camacho e Bruno Rodrigues afirmam: "Como existe discricionariedade

ou menor protagonismo às agências reguladora para além das regras definidas na avença firmada entre as partes.

Nesse sentido, Gustavo Gil Gasiola compreende nos contratos a matriz que norteará a atuação da regulação por agência:

> É importante ressaltar que a existência de um contrato não impõe a inércia do regulador. Não se pode confundir a alteração do quadro regulatório previsto no contrato (ou seja, uma mudança nas regras do jogo) com o exercício de poderes regulatórios conforme o contrato (a atuação do regulador dentro das regras do jogo). A previsão regulatória contratual não precisa se limitar a regras concretas – como o modo específico de prestação ou construção da infraestrutura –, mas poderá prever também o tratamento regulatório (*regulatory treatment*), que traduza formado exercício da regulação sobre determinados aspectos (política tarifária, atualidade do serviço, fiscalização etc.).[128]

Os contratos regulatórios, afinal, dos quais fazem parte, como visto, os contratos de concessão, são verdadeiras fontes normativas, que podem ou devem estabelecer os limites, circunstâncias e temas nos quais a heterorregulação atuará. Esse mosaico de atuação dos instrumentos e entes regulatórios é de fundamental importância para manter equilibrada a equação risco e retorno, bem como para não comprometer o objetivo principal da conjugação do contrato e agência, a segurança jurídica para *performance* dos investimentos captados.

Vê-se que a Lei nº 8.987/1995, ao dispor que "sempre que forem atendidas as condições do contrato, considera-se mantido seu equilíbrio econômico-financeiro", delimita que é no desenho contratual que se consubstanciará o que Floriano Marques Azevedo Neto nomeou de

---

no processo de revisão, ele necessita ser conduzido por uma agência com uma estrutura de pessoal fixa, bem remunerada e bem preparada tecnicamente. Essa é uma condição básica para que a revisão seja pautada pela imparcialidade e transparência, com uso de consultas e audiências públicas, promovendo intenso debate entre o público e o privado. Desse modo, minimiza-se o problema de captura do regulador, seja pela firma para obtenção de benefícios, seja por políticos e grupos de consumidores para expropriação de investimentos privados pelo poder público" (CAMACHO, Fernando Tavares; RODRIGUES, Bruno da Costa Lucas. Regulação econômica de infraestruturas: como escolher o modelo mais adequado? *Revista do BNDES*, Rio de Janeiro, n. 41, p. 262-263, jun. 2014).

128 GASIOLA, Gustavo Gil; MARRARA, Thiago. Concessão de rodovia: análise crítica da prática contratual brasileira. *In*: TOJAL, Sebastião Botto de Barros; SOUZA, Jorge Henrique Oliveira (coord.) *Direito e infraestrutura*: rodovias e ferrovias. Belo Horizonte: Fórum, 2021. p. 250.

"normatividade infralegal".[129] Afinal, qualquer decisão que afete ou altere o pacto inicialmente realizado comprometeria o equilíbrio formado quando da celebração do contrato, resguardando ao parceiro privado o direito à recomposição dessa equação econômico-financeira.

Para o autor, aliás, não deveria haver, quando possível, nem ao menos a limitação legal ampla e abstrata uniformizando regimes jurídicos de delegações, cabendo a cada ente político, para cada objeto específico, a manufatura das cláusulas contratuais que norteariam a prestação de determinado serviço.

Aludindo a Pedro Costa Gonçalves, a fonte normativa dos contratos de concessão é tão significativa que "a relação de concessão, enquanto relação entre concedente e concessionário é portanto uma relação contratual e não apenas uma relação fundada em contrato".[130]

Mas se ao contrato regulatório caberão a definição da conjugação da regulação por contrato e a regulação por agência, tal premissa não deve ser encarada de forma definitiva, como se os contatos sempre tivessem racionalidade ilimitada para apreender todos os espaços e lacunas que deverão ser integrados pela heterorregulação. Adotar tal premissa seria supor que os contratos sempre serão elaborados de forma completa, delimitando sinergicamente todas as situações e modelos regulatórios em que haveria uma convivência perfeita em um duplo sistema de regulação.

O percurso histórico dos contratos de concessão demonstra, ao contrário, que há lacunas e espaços regulatórios que não são deixados de forma racional e ponderada na autorregulação, mas sim em decorrência de um exercício de normatividade contratual limitada, circunstancialmente considerada ao tempo e ao modo em que determinado vínculo é gerado.

As primeiras rodadas de concessões no Brasil a partir da última década do século XX evidenciam que os contratos precisavam ser integrados posteriormente não por uma estratégia regulatória devidamente desenhada, mas pelas limitações que se colocavam diante da experimentação dos primeiros modelos de delegação.

Esse movimento de integração contrato-agência foi ainda catalisado pela conjuntura que os instrumentos regulatórios passaram a se conjugar no contexto brasileiro. Como visto, as delegações sempre se

---

129 MARQUES NETO. *Op. cit.*, 2015, p. 159.

130 GONÇALVES, Pedro Costa. *A concessão de serviços públicos*. Coimbra: Almedina, 1999. p. 231.

perfariam, pelo modelo escolhido pelo constituinte,[131] por meio de contratos celebrados entre o ente político, titular do serviço delegado, e a concessionária, responsável pela prestação das atribuições delegadas.

Essa conformação contratual teve notável inspiração no já experienciado regime das concessões na Europa continental,[132] nas quais, especialmente após as revoluções burguesas e o início da República, os contornos do que viriam a se tornar os modernos contratos de concessão começavam a se delinear. A tropicalização dos contratos de concessão até o que hoje se encontra vigente é também herança da colonização portuguesa, a partir da qual o regime jurídico do instituto passou a ser construído tendo em vista os elementos estruturantes que precisam ser veiculados por meio de um contrato firmado entre o Poder Público e o particular.

Nesse sentido, novamente Floriano de Azevedo Marques Neto:

> (...) com o devir do desenvolvimento da economia e das instituições jurídicas, fomos assistindo lentamente à introdução de aspectos denotadores do regime jurídico do instituto – obrigações de investimento, aprazamento, regramento de cobrança dos utentes, surgimento do instituto do resgate, proteção dos capitais investidos, incidência de normas de direito público (exorbitante do direito comum) e até mesmo arranjos de financiamento misto (público e privado) para viabilizar o objeto concedido.[133]

---

131 "Mas o ponto mais importante da Constituição de 1988 no tocante às concessões vinha previsto no art. 175. Lá vemos consolidado o regime constitucional da concessão de serviço público, apoiado nas seguintes ideias-chave: (i) tais atividades poderiam ser exploradas por meio da concessão; (ii) a concessão tinha definitiva e constitucionalmente caráter contratual; (iii) a escolha do particular que atuaria como concessionário seira sempre precedida de licitação; (iv) a remuneração do particular dar-se-ia por tarifa, que não seria fixada em lei, mas teria seus parâmetros gerais (a política tarifária) estabelecidos em norma legal; e (v) deveria haver uma lei geral fixando os quadrantes normativos das concessões e fixando direitos e mecanismos de proteção do usuário, bem como garantias de prestação de serviço adequado pelo concessionário" (MARQUES NETO. *Op. cit.*, 2015. p. 107).

132 Segundo Marcos Perez: "Não há dúvida de que, embora existissem concessões pelo menos desde o século XVIII, a descoberta da concessão de serviço público como um contrato sui generis, isto é, como um contrato que possui um regime jurídico diferente dos contratos civis em geral e, basicamente, do contrato anteriormente conhecido de obra pública, é historicamente recente, datando das primeiras décadas do século XX. Não haveria porque esconder, ademais, que essa descoberta foi obra do Conselho de Estado francês, consumada por meio do célebre caso Gaz de Bordeaux, de 1916. (...) Dessa forma, foi a partir do trabalho do Conselho de Estado Francês que, gradativamente, forjou-se o que podemos chamar de conceito clássico da concessão de serviço público, baseado na identificação casuística de seus traços característicos" (PEREZ, Marcos Augusto. *O risco no contrato de concessão de serviço público*. Belo Horizonte: Fórum, 2006. p. 57-58).

133 MARQUES NETO. *Op. cit.*, 2015, p. 76.

Assim, se de um lado assistia-se ao movimento de nacionalização dos contratos de concessão enquanto instrumentos a consubstanciar a delegação realizada, de outro houve o movimento paralelo de incorporação das agências reguladoras à administração pública brasileira. Esses influxos, de inspirações estrangeiras distintas, como visto, conjugaram a um só tempo, em um mesmo quadrante regulatório, contratos e agência. Basta lembrar que os primeiros contratos de concessão da década de 1990, em especial das rodovias federais, foram firmados sem que houvesse a presença da ANTT, que só veio a ser criada em 2001.

Significa dizer que, ao menos naquele primeiro momento, a regulação por contrato e a regulação por agência, configurando um duplo sistema de regulação, não surgiram como uma estratégia regulatória refletida, a partir da qual a heterorregulação se integraria nos espaços devidamente delimitados pelos contratos regulatórios. Foi, antes, um movimento paralelo que ensejou o encontro de instrumentos regulatórios distintos, mas que poderiam conviver harmonicamente em uma ponderada divisão de funções.

Essa coexistência, contudo, na prática, não ocorreu sem maiores embates. Justamente diante dos movimentos paralelos de celebração de contratos de concessão e de surgimento das agências reguladoras, houve momentos em que a regulação contratual e a regulação por agência se confrontaram.

Como exemplo, em 2011, a ANTT deflagrou a Consulta Pública nº 001/2011, "com o objetivo de obter subsídios e informações adicionais para o aprimoramento do ato regulamentar, a ser expedido pela ANTT sobre proposta de Metodologia e Revisão das Tabelas Tarifárias das Concessionárias de Serviço Público de Transporte Ferroviário de Cargas".[134]

A revisão tarifária atingiria as concessões firmadas entre 1996 e 1998, antes mesmo da criação da ANTT, cujos contratos já previam minimamente a estrutura de remuneração das concessionárias ferroviárias. Em face do ocorrido, a América Latina Logística Malha Norte S.A. e ALL (América Latina Logística Malha Paulista S.A.) ingressaram com ação judicial contra a Consulta Pública publicada pela ANTT, alegando

---

[134] BRASIL. Agência Nacional de Transportes Terrestres. *Consulta Pública nº 001/2011. Instrumentos do Processo de Participação e Controle Social no âmbito da ANTT, visando colher contribuições e sugestões à proposta de Metodologia e Revisão das Tabelas Tarifárias das Concessionárias de Serviço Público de Transporte Ferroviário de Cargas*. Disponível em: http://anuario.antt.gov.br/index.php/content/view/12484/001_2011.html. Acesso em: 7 jul. 2025.

ofensa ao equilíbrio econômico-financeiro e aos termos do contrato de concessão firmados. O juízo *a quo*, em sede de sentença, reconheceu a possibilidade de a Agência revisar, unilateralmente, as condições da concessão realizada, afirmando que "a Agência Reguladora pode revisar as concessões em curso, mesmo anteriores à Lei de sua instituição, ocorrida em 2001".

Em sede recursal, tal entendimento foi reafirmado, a partir do acórdão ementado nos seguintes termos:

> ADMINISTRATIVO. CONCESSÃO DE SERVIÇO PÚBLICO. TRANSPORTE FERROVIÁRIO. REVISÃO TARIFÁRIA. PRINCÍPIO DA MODICIDADE. ATRIBUIÇÃO DA AGÊNCIA NACIONAL DE TRANSPORTES TERRESTRES – ANTT. OBSERVÂNCIA DO EQUILÍBRIO ECONÔMICO-FINANCEIRO DO CONTRATO. PROVA PERICIAL. REVOGAÇÃO DE EFEITO SUSPENSIVO RECURSAL. DESISTÊNCIA DO RECURSO.
>
> 1. A Agência Nacional de Transportes Terrestres – ANTT tem a atribuição legal em proceder a revisão unilateral da metodologia de remuneração tarifária do serviço de transporte ferroviário concedido, por força dos incisos II, VI e VII, do art. 24 da Lei nº 10.233/01, inclusive em contratos celebrados antes da vigência dessa Lei.
>
> 2. Os contratos de concessão regem-se pela Lei 8.987/1995, que, em seu art. 6º, §1.º, estabelece que serviço público adequado é o que satisfaz, entre outras condições, a modicidade das tarifas.
>
> 3. Diante da prova técnica constante nos autos, não foi evidenciado o suposto desequilíbrio econômico-financeiro alegado pelas concessionárias.
>
> 4. Revogado o deferimento o pedido de efeito suspensivo recursal.
>
> 5. Homologada a desistência do recurso requerida pela RUMO MALHA PAULISTA S.A.

Em parecer que analisou a alteração pretendida pela ANTT, Alexandre Santos de Aragão se posicionou de forma veemente contra a medida, em alusão ao equilíbrio econômico-financeiro do negócio, ao prestígio ao objeto licitado e à impossibilidade de alteração de tal relevância pela administração pública. Segundo o autor:

> (...) a fórmula/taxa de retorno resultante do Edital de Licitação e do Contrato está entre as condições essenciais da contratação, não comportando modificação após a celebração do contrato administrativo. Qualquer espécie de revisão tarifária, que constitui uma das possíveis espécies de alteração de contratos administrativos de concessão, só é

admissível para manter essa taxa de retorno, nunca para subvertê-la ainda que supostamente para trocá-la por uma taxa de retorno que se considere mais "justa".[135]

É de se notar, portanto, que o ulterior surgimento das agências reguladoras, em um contexto já posto de contratos de concessão firmados, ensejou disputas sobre o papel e os limites da intervenção heterorregulatória, tendo em vista que tais contratos não delimitaram – pela própria inexistência das agências quando do surgimento do vínculo – como se daria a integração dessas entidades à autorregulação.

Mas se essa foi a realidade dos contratos gestados no fechar do século XX e das primeiras experimentações das concessões no início dos anos 2000, não se pode negar que atualmente já há uma maior ambientação das agências reguladoras nos próprios contratos de concessão.

Sabendo-se da existência e da atribuição legal dessas entidades, os contratos regulatórios já nascem como fonte normativa a disciplinar em quais momentos e matérias a regulação da agência será bem-vinda, criando-se uma espécie de regulação híbrida que conjuga os instrumentos regulatórios surgidos no já citado movimento paralelo.

Em outras oportunidades, chegamos a defender que:

> Nesse contexto, o fomento a ambientes regulatórios híbridos, que mesclam aspectos da regulação por contrato com a regulação por agência, pode ser uma interessante saída para o setor [rodoviário]. A ideia é assegurar a segurança jurídica e a previsibilidade dos contratos, com o reconhecimento de seu "núcleo duro", ao passo que regras mais genéricas, conceitos e procedimentos que requerem mais flexibilidade possam ser instituídos e alterados por meio de atos normativos do Ente Regulador.[136]

---

[135] ARAGÃO, Alexandre Santos de. Revisão tarifária substitutiva da modelagem econômica licitada. Parecer. *In*: MOREIRA, Egon Bockmann (coord.) *Tratado do equilíbrio econômico-financeiro*: contratos administrativos, concessões, parcerias público-privadas, Taxa Interna de Retorno, prorrogação antecipada e relicitação. 2. ed. Belo Horizonte: Fórum, 2019. p. 52.

[136] FAJARDO, Gabriel Ribeiro; COHEN, Isadora; FERREIRA, Isabel Campos. Binômio previsibilidade x flexibilidade em contratos de concessão de rodovias. *In*: DAL POZZO, Augusto Neves; ENEI, José Virgílio Lopes (org.) *Tratado sobre o setor de rodovias no direito brasileiro*. 1. ed. São Paulo: Contracorrente, 2022. v. 2, p. 392-405.

E ainda:

> Para o sucesso do modelo, também é importante a criação de regras de governança que impossibilitem alterações bruscas, atécnicas ou irresponsáveis de diretrizes normativas. A discricionariedade do ente regulador não pode ser confundida com flexibilidade irrestrita ou insegurança jurídica. A precedência obrigatória de consulta pública e análise de impacto regulatório, assim como regras que garantam a experiência e tecnicidade dos gestores de contratos ou diretores das agências, são alguns dos mecanismos que ajudam a contrabalancear esse binômio.

Movimento também digno de nota, nesse exato sentido, tem sido o da própria ANTT, a qual, a partir dos diversos contratos firmados para concessões rodoviárias, identificou a necessidade de padronizar os procedimentos regulatórios da agência, a partir do chamado Regulamento das Concessões Rodoviárias, em que são estabelecidos os procedimentos gerais e padrões que seriam aplicáveis às diversas experiências contratuais já celebradas.

Assim se posicionou a ANTT:

> 3.6. Quase vinte anos após o início do processo de concessão de rodovias, a ausência deste marco é bastante sentida, uma vez que a evolução do modelo contratual, na segunda, terceira e quarta etapas, exige grande versatilidade da ANTT, que precisa se adaptar para gerir instrumentos contratuais antigos, características fiscalizatórias e punitivas diversas, supervisão de obras sob diferentes perspectivas entre outros desafios, que acaba por exigir uma relação homem/hora bastante significativa. O modelo perpetuado impõe elevado custo regulatório, que poderia ser diluído em face de um marco regulatório único que, respeitando as obrigações contratuais já firmadas, fosse orientado para a atualização.
>
> 3.7. Sob essa perspectiva, aflora a necessidade de estabelecimento de um marco regulatório estável, que possa ser atualizado unilateralmente e veicule por conteúdo as regras gerais das concessões de rodovias. Isso propiciará a padronização do tratamento das concessionárias, em homenagem ao princípio da equidade administrativa. Então, delineiam-se os contornos genéricos, no presente opinativo, acerca da proposta de disposição e estabelecimento do Regulamento das Concessões Rodoviárias, que virá a agregar esses anseios e traduzir em norma um marco regulatório setorial hígido e coerente com as melhores práticas regulamentares da Administração Pública Federal.[137]

---

137 ANTT. Nota Técnica SEI Nº 3863/2020/GERER/SUROD/DIR.

No modelo estabelecido pela ANTT, a regulação da agência conviverá com a relação contratual, a partir do prestígio aos contratos já consolidados:

> (...) não podem ser negligenciadas ou prejudicadas situações consolidadas, de modo que ao estoque de contratos já celebrados ao tempo da aprovação da reforma deve ser conferido regime de transição e uma porta de abertura para adesão ao novo modelo pelas concessionárias nele interessadas. Isso também pressupõe que pode haver um conjunto de delegatárias que não têm interesse em aderir ao novo regime, cabendo à Agência preservar, na medida possível, a disciplina contratual correspondente, fazendo a integração com o RCR apenas no que couber.[138]

É de se ver, portanto, que a regulação por agência e por contrato rumam atualmente em prol da convivência harmônica dos mecanismos regulatórios, sem desprestigiar a segurança jurídica e a previsibilidade – vetores máximos da gênese e reforço dos próprios instrumentos –, mas abrindo espaços ponderados de integração entre a autorregulação e a heterorregulação.[139]

---

[138] FREIRE, André Luis Macagnan; LIRA, Kaliane Wilma Cavalcante; WACHHOLZ, Roberta Negrão Costa. *O Regulamento das concessões rodoviárias*: proposta de aperfeiçoamento da regulação normativa. Direito e Infraestrutura no Brasil: temas relevantes em transportes terrestres e tópicos transversais. Parte II. Publicações da Escola da AGU, Brasília, ano 13, n. 4, p. 214, dez. 2021/fev. 2022.

[139] O Estado de Minas Gerais adotou movimento interessante na normatização da convivência entre agências reguladoras e contratos de concessão. O Estado aprovou recentemente a criação da Agência Reguladora de Transportes (ARTEMIG), em que pese a anterioridade da celebração de contratos de concessões rodoviárias, a exemplo da MG-050 e da BR-135. Assim, com a iniciativa recente de criação dessa autarquia, mas com o premente programa de novas concessões rodoviárias, a opção realizada foi de já acomodar nos contratos colocados em licitação a divisão dos papéis entre o ente regulador e o poder concedente. Assim, quando a futura agência fosse criada, já estaria estabelecida com precisão a função entre poder concedente e regulador, em que pese em um primeiro momento essas funções ficarem concentradas na administração pública direta. A definição prévia foi a maneira identificada para permitir a transição de papéis quando da superveniência da lei criadora da autarquia, prevendo, inclusive, que eventuais modificações na estrutura do governo estadual, incluindo alteração, extinção, criação de órgãos e entidades, implicariam a sub-rogação das competências definidas no contrato, já disciplinando, na minuta contratual, regra de transição e segurança jurídica. Nesse caso, o ente regulador seria responsável por (i) regulamentar os serviços objeto da concessão, (ii) fiscalizar a execução das obras e dos serviços, nos termos do contrato, do PER e da legislação vigente, (iii) instruir e processar pleitos de reequilíbrio econômico-financeiro, (iv) lavrar auto de infração diante de descumprimentos verificados no bojo da fiscalização da execução das obras e serviços, bem como instaurar processo administrativo para aplicação de penalidades à concessionária, e (v) promover o reajuste do valor da tarifa de pedágio nos termos do contrato. Já ao poder concedente restaram todos os atos externos à regulação e fiscalização do objeto

Esse movimento é ainda mais importante diante das características intrínsecas dos contratos de concessão, que evidenciam não somente os inacabamentos contratuais, mas também as vicissitudes que serão mais bem tratadas na presença de uma entidade independente.

2.3 Características dos contratos de concessão

Em vista da importância dos contratos de concessão para se compreender como as agências reguladoras se comportarão nos setores duplamente regulados, é fundamental que se debatam as características desses instrumentos. Afinal, se no caso a caso se estabelecerão os limites de atuação dessas entidades (normatividade contratual), é regra geral que os próprios elementos dos contratos de concessão enquanto contratos regulatórios abrem espaço para a integração e a complementação da regulação via agência.

Os contratos de concessão são, afinal, incompletos, mutáveis, relacionais e sujeitos à cambialidade do próprio conceito de interesse público, circunstancialmente considerado. É exatamente nesses espaços inegavelmente deixados pelos vínculos duradouros e complexos, tão cheios de nuances, que as agências têm protagonismo destacado.

2.3.1 Contratos de concessão como de longo prazo

Como visto, a atração do mercado resultante das transmutações que o Estado brasileiro engendrou a partir da última década do século XX também buscou a realização de investimentos de grande porte.

Isso significa que a administração pública apostava nos agentes econômicos como financiadores das grandes estruturas e serviços que deveriam ser prestados. No modelo formatado pela Lei nº 8.987/1995, a primeira a inaugurar, nesse contexto, os contratos de concessão, previa-se a estrutura de remuneração tarifária, paga pelos usuários, como principal fonte de receita do parceiro privado.[140]

---

do contrato, tais como incluir e autorizar a realização de novos investimentos, intervir na prestação dos serviços objeto da concessão, declarar de utilidade pública os bens a serem desapropriados para execução das intervenções previstas no contrato, transferir à concessionária os bens preexistentes à celebração do contrato, escolher a forma pela qual será implementada a recomposição do equilíbrio econômico-financeiro e homologar o valor da tarifa de pedágio alterado em decorrência de revisões extraordinárias.

140 A Lei nº 8.987, de 13 de fevereiro de 1995, dedica todo um capítulo (Capítulo IV) para a política tarifária.

Assim, de um lado, haveria a necessidade de vultosos investimentos e, de outro, a pulverização dos pagantes, que deveriam usufruir do serviço e da infraestrutura prestada como contrapartida ao pagamento das tarifas. Com efeito, só poderia haver equilíbrio entre essas variáveis se houvesse demanda suficiente a reunir usuários que equilibrasse a equação risco e retorno do negócio.

Contudo, para que a demanda fosse viabilizada, a tarifa deveria ser calibrada, de modo a não afastar os usuários da possibilidade de usufruir de um serviço público, em especial aqueles prestados sob regime de monopólio natural. Não por outro motivo, o art. 6º da Lei nº 8.987/1995 erige o princípio da modicidade tarifária como um daqueles que conformam o conceito de serviço adequado.

De tal forma, apenas no longo prazo é que tarifas módicas serão capazes de amortizar investimentos de grande vulto.[141] O prazo, portanto, é resultante dos estudos econômico-financeiros que indicarão qual é o tempo necessário para que haja o justo retorno para o investidor.[142]

Talvez por isso a própria Lei nº 8.987/1995 não tenha estabelecido tempo mínimo nem máximo para os contratos de concessão, embora o art. 2, inciso II, do diploma tenha estabelecido que a concessão deve se dar por "prazo determinado".[143] Isso significa que não podem existir concessões *ad aeternum* ou com prazo incerto.

---

141 Para Rafael Véras de Freitas, "é que, nos contratos de concessão, a variável 'prazo' é imprescindível para a execução do cometimento público por ele veiculado. De fato, por meio dela, que será formado o equilíbrio econômico-financeiro destes ajustes, trazendo-se o valor futuro dos recebíveis a um valor presente, o qual terá de ser amortizado (a uma determinada taxa), durante a exploração do ativo. Daí por que o 'prazo' se vincula ao próprio objeto do contrato, pois que esse ajuste não comporta, sob o aspecto econômico, a sua execução por prestações imediatas ('*spot*')" (FREITAS, Rafael Véras de. Incompletude em contratos de concessão: ainda a Teoria da Imprevisão? *Revista de Contratos Públicos – RCP*, Belo Horizonte, ano 9, n. 17, p. 151-188, mar./ago. 2020).

142 Conforme Fernando Vernalha Guimarães: "A fixação do prazo da concessão mantém uma estreita relação com os investimentos a serem aportados para a execução do serviço público. Teoricamente, o prazo de duração de uma concessão terá de ser dimensionado com vistas a permitir a amortização de todos os investimentos demandados para sua execução, assegurando-se uma taxa de retorno razoável ao concessionário. Precisamente por isso é que, conforme se verá adiante, a extinção precoce da concessão desencadeia a obrigação de o poder concedente indenizar o concessionário, especialmente em relação a bens ainda não amortizados ou depreciados. Daí que o prazo se afigura um elemento relevante e determinante da equação econômico-financeira do contrato de concessão" (GUIMARÃES, Fernando Vernalha. *Concessão de serviço público*. 2. ed. São Paulo: Saraiva, 2014. p. 304).

143 "Art. 2º Para os fins do disposto nesta Lei, considera-se: (...) II – concessão de serviço público: a delegação de sua prestação, feita pelo poder concedente, mediante licitação, na modalidade concorrência ou diálogo competitivo, a pessoa jurídica ou consórcio de empresas que demonstre capacidade para seu desempenho, por sua conta e risco e por prazo determinado;"

A Lei nº 11.079/2004, por outro lado, trouxe disposição diferente: limitou que as concessões previstas no diploma (patrocinada ou administrativa) deveriam ter entre 5 e 35 anos.[144] Ainda que prevendo pagamentos públicos de forma parcial ou integral, também seria apenas no longo prazo que o retorno seria alcançado.

Essa lógica é, sobretudo, diferenciada dos contratos administrativos regidos pela Lei nº 8.666/1993 (sucedida pela Lei nº 14.133/2021), nos quais a remuneração decorre de recursos orçamentários e com prazo de execução de curta duração. Comentando essa diferença, Egon Bockmann Moreira registra que:

> Igualmente é importante sublinhar que a remuneração dessa ordem de contratos de longo prazo não decorre do orçamento público (a exceção está nas parcerias e eventuais subsídios em concessões) e não é feita de uma única vez, mas advém do conjunto fragmento de pagamentos individuais. Os contratos de longo prazo não são remunerados por desembolso unitário, oriundo de previsão fechada no orçamento público (como se dá na LGL). Não se trata de pacto a gerar encargos e retribuições presentes e certos, mas sim de investimento a ser provavelmente remunerado no futuro pela taxa projetada no presente. São muitos aportes, várias obras e serviços, além das muitíssimas tarifas cobradas por décadas – a gerar as respectivas projeções econômico-financeiras que tentam trazer a valor presente as futuras receitas e encargos.[145]

A diferença entre a forma de pagamento e de aprazamento nos contratos de concessão levou a doutrina a classificar esses contratos como de investimentos, em oposição aos contratos de desembolso regidos pela Lei nº 14.133/2021. A lógica estaria no financiamento e na disponibilidade orçamentária para fazer frente ao pagamento do objeto do contrato.

Enquanto os contratos de desembolso dependem de orçamento público e pagamentos públicos *pari passu* à execução contratual, através

---

[144] Nos termos da Lei nº 11.079/2004: "Art. 5º As cláusulas dos contratos de parceria público-privada atenderão ao disposto no art. 23 da Lei nº 8.987, de 13 de fevereiro de 1995, no que couber, devendo também prever: I – o prazo de vigência do contrato, compatível com a amortização dos investimentos realizados, não inferior a 5 (cinco), nem superior a 35 (trinta e cinco) anos, incluindo eventual prorrogação;"

[145] MOREIRA, Egon Bockmann. Contratos administrativos de longo prazo: a lógica de seu equilíbrio econômico-financeiro. *In*: MOREIRA, Egon Bockmann (coord.) *Tratado de equilíbrio econômico-financeiro*: contrato administrativo, concessões, parcerias público-privadas, Taxa Interna de Retorno, prorrogação antecipada e relicitação. 2. ed. Belo Horizonte: Fórum, 2019. p. 94.

de medições, os contratos de investimento são alavancados financeiramente por investimentos privados, os quais serão remunerados no tempo por tarifas ou pagamentos públicos diferidos.[146]

Para Floriano de Azevedo Marques Neto, o aspecto temporal dos contratos de concessão tem duplo objetivo: de um lado, para o Estado, determina quando o objeto será retomado; e, para o particular, serve como garantia para exercer os direitos relativos ao objeto concedido pelo prazo avençado.[147]

Retomando Egon Bockmann Moreira, o longo prazo dos contratos relacionar-se-ia com a tentativa de enquadrar o tempo – nas suas dimensões financeira, política e econômica – às políticas públicas contratualizadas.[148] Para o autor, houve uma mudança na lógica de se pensar os contratos administrativos como verdadeiros instrumentos de governo.

Se, anteriormente, os contratos se ajustavam, de certa forma, à temporalidade dos mandatos políticos, de forma a criar quase uma sincronicidade entre o tempo político e o jurídico-contratual, havendo como praxe a "utilização dos contratos como instrumentos de políticas públicas reativas, de curto prazo", os contratos de longo prazo seriam instrumentos para solidificar escolhas públicas, prospectando para o futuro.

Dessa forma, os contratos de longo prazo deixariam um legado que teria que conviver com as alterações do tempo a partir das condições que estariam contratualizadas. Afinal, o que poderia ocorrer em dez, vinte, trinta anos? Como seria o comportamento da inflação, quais seriam as crises econômicas, qual seria a ideologia dominante dos próximos mandatários? A tentativa de insular as políticas públicas da

---

146 VALIATI. *Op. cit.*

147 MARQUES NETO. *Op. cit.*, 2015, p. 171.

148 "Hoje, o financeiro é um tempo *on line*, sem quaisquer fronteiras e, portanto, sem limites. É um tempo desmedido que, de tão veloz que é, torna os outros quase irrelevantes. Mais ainda, é um tempo internacional, quase-instantâneo, célere, que lida com avaliações relativas a pessoas, instituições e países." Sobre o risco político, afirma o autor: "Já o tempo político é mais lento do que o financeiro, normalmente condicionado pela territorialidade das instituições e respectivos calendários eleitorais. São períodos em que se cogita da percepção de demandas populares e da respectiva definição e implementação por meio de políticas públicas, tal como em tese definidas nas eleições". Já sobre o tempo econômico: "Por sua vez, o tempo econômico é aquele que envolve ciclos de investimento, produção e distribuição. Ele é bem mais lento do que o financeiro e não é regido pelo calendário eleitoral (quem sabe, como ponto de partida). É um tempo que requer prazos longos, projeções e estimativas, pois não conta com instantaneidades" (MOREIRA, Egon Bockmann. O Contrato Administrativo como Instrumento de Governo. *In*: GONÇALVES, Pedro (coord.) *Estudos de Contratação Pública*. Coimbra: Coimbra Editora, 2010. v. IV, p. 8-9).

cambialidade do mundo financeiro, político e econômico, então, conviveria com a necessidade de tornar as condições contratadas alteráveis, criando-se uma plasticidade contratual que permitiria a adequação constante. Para o autor:

> O contrato como instrumento de governo faz com que específicas políticas públicas assumam outra dimensão temporal – para além do calendário eleitoral e orçamentário –, a exigir a convivência e sincronização com os tempos financeiro e econômico. Afinal, são decisões que persistirão por longo prazo. Além disso, são instaladas em alguns dos principais setores da vida contemporânea (tanto em termos econômicos como sociais). Para alterar a política definida em contrato, há de se alterar o contrato – o que nem sempre é fácil.[149]

Há, assim, uma relação umbilical entre contratos de longo prazo e o incerto ou o imprevisível. Na medida em que os contratos cristalizariam as políticas públicas eleitas, eles precisariam conviver com conceitos como risco, mutabilidade e imprevisão. Mas isso não afastaria a possibilidade de esses contratos se perfazerem no tempo, apenas calibraria a tecnologia contratual de absorção dos eventos e condições que não poderiam ser imaginadas em um exercício de futurologia.

Para se compreender a complexidade dos contratos de longo prazo, há, então, que se discutir como as vicissitudes próprias do tempo poderiam ser conjugadas à previsibilidade buscada pelo investimento privado, que absorveria, desde o enlace contratual, a dimensão dos riscos assumidos de parte a parte.

2.3.2 Contratos de concessão como contratos de riscos

O longo prazo das concessões traz como consequência a grande possibilidade de esses contratos vivenciarem eventos cujas ocorrência, dimensão ou consequência exatas escapam ao momento da estruturação da avença e do enlace contratual.

Trata-se, portanto, de relações que precisam endereçar o tratamento dos riscos, os quais trazem consequências obrigacionais às partes e têm profunda relação com o equilíbrio econômico-financeiro dos contratos de concessão.

---

149 MOREIRA, Egon Bockmann. O Contrato Administrativo como Instrumento de Governo. *In*: GONÇALVES (coord.) *Op. cit.*, 2010, p. 14.

Marcos Nóbrega relata que a definição de risco não é unânime, e há várias definições que podem ser encontradas na literatura, que vão desde "uma situação onde não existe conhecimento do resultado final" até uma "alta probabilidade de insucesso".[150]

Para o autor, contudo, a essência do risco está em três aspectos fundamentais: o evento, que significaria a possível ocorrência de algo que pode impactar o investimento realizado; a probabilidade, que seria a chance de o evento ocorrer em determinado período de tempo; e o impacto, correspondente ao valor financeiro resultante da incidência do risco.

Esses riscos, então, poderiam ocorrer ao longo do contrato de concessão, como eventos presentificados para tratamento adequado de sua mitigação (evitar ao máximo que o risco se materialize) ou para seu adequado tratamento (diminuir os custos e consequências decorrentes do risco materializado).

Se a Lei nº 8.987/1995 não trouxe regras claras a respeito do assunto, ensejando a aplicação quase automática das regras próprias da teoria das áleas já presentes na então vigente Lei nº 8.666/93, a Lei nº 11.079/2004 trouxe novas previsões nesse sentido. Enquanto a Lei nº 8.987/1995 dispõe que a concessão é realizada "por sua conta e risco e por prazo determinado" (art. 2º, II), a Lei de Parcerias Público-Privadas já introduziu o conceito de divisão objetiva de riscos nos contratos de concessão. Afinal, o emparceiramento público-privado requereria maior equidade na relação de obrigações e responsabilidades entre poder concedente e concessionário.

Mas é verdade que, mesmo diante da frequente asserção de que nas concessões comuns os riscos seriam assumidos pelo concessionário,[151] a doutrina já tensionava esse conceito, propondo maior equilíbrio entre os riscos assumidos pelas partes. Marcos Augusto Perez, por exemplo, problematizou a convivência entre o trespasse integral de riscos ao concessionário e o princípio da modicidade tarifária, previsto expressamente na Lei nº 8.987/1995. Segundo o autor:

---

[150] NÓBREGA, Marcos. *Direito da Infraestrutura*. São Paulo: Quartier Latin, 2011. p. 125-126.

[151] Essa visão clássica de que ao concessionário caberiam todos os riscos decorre de uma leitura equivocada do art. 2º, II, da Lei nº 8.987/1995, que dispõe que: "II – concessão de serviço público: a delegação de sua prestação, feita pelo poder concedente, mediante licitação, na modalidade concorrência ou diálogo competitivo, a pessoa jurídica ou consórcio de empresas que demonstre capacidade para seu desempenho, por sua conta e risco e por prazo determinado".

> É que desfaz de qualquer bom senso imaginar que há possibilidade de reforça-se a carga de riscos do concessionário ou transferi-los todos a ele, como aparenta sustentar a doutrina tradicional do risco na concessão, e simultaneamente reduzir a tarifa, isto é, a contraprestação pelos serviços prestados, a valores módicos. Maiores riscos significam, necessariamente, maiores custos transferidos ao usuário.[152]

Vê-se que, atualmente, não há uma dicotomia própria a divisar as regras contratuais próprias das concessões comuns e das parcerias público-privadas. As boas práticas das legislações ulteriores contaminaram a estruturação de projetos das mais variadas modalidades de concessão.

Assim, tornou-se comum a utilização, nos contratos de concessão, em suas diversas modalidades,[153] do conceito de matriz de risco, com o objetivo de divisar, desde logo, como seriam absorvidos eventos de ocorrência incerta.[154] Trata-se, como visto, de um exercício de aprofundar e complexificar a tradicional teoria das áleas,[155] recepcionada pela legislação dos contratos administrativos comuns (art. 65, II, "d", da então Lei nº 8.666/1993) e reproduzida na gestão dos riscos do negócio.

Com a evolução desse conceito, a partilha de riscos não ocorreria de forma insulada dos particulares. É que cada vez mais a

---

152 PEREZ. *Op. cit.*, 2006, p. 105.

153 A prática da divisão objetiva de riscos foi tão bem recepcionada pelos contratos, que hoje se encontra presente em legislações que não tratam de contratos de concessão. Veja-se, por exemplo, a Lei nº 13.303/16, a Lei nº 14.133/2002, que trouxeram tal previsão.

154 É importante distinguir, contudo, o conceito de risco do conceito de incerteza. Enquanto os riscos seriam precificáveis, no momento de estruturação dos projetos, as incertezas encontrar-se-iam fora da visão das partes e do regulador, não podendo ser nem mesmo contratualizadas. Daí a proposta de Rafael Véras de Freitas de que, ao contrário do que ocorre no esquadrinhamento dos riscos nos contratos de concessão, as incertezas possam ensejar, na eventualidade de sua ocorrência, a negociação e decisão conjunta pelas partes. Segundo a proposta do autor: "Como visto, situações há, nos contratos de concessão, nas quais têm lugar eventos albergados pelo conceito de 'incerteza', e não pelo conceito de 'risco'. Nessas situações, a tentativa de esquadrinhamento contratual de todos os eventos futuros, por importar na sua rigidez, poderá produzir ineficiências. Diante do que se propõe que o regulador lance mão de uma modelagem contratual mais aberta e flexível, que seja capaz de reduzir os custos de transação e de propiciar o amortecimento dos efeitos econômicos produzidos pelas 'incertezas'" (FREITAS, Rafael Véras de. Regulação por contratos de concessão em situações de incerteza. *Interesse Público – IP*, Belo Horizonte, ano 23, n. 125, p. 216, jan./fev. 2021).

155 "Outrora, a teoria das áleas era suficiente para explicar e justificar os riscos, incertezas e imprevisibilidades que poderiam advir durante a execução do contrato." (GARCIA, Flávio Amaral. A imprevisão na previsão e os contratos concessionais. *In*: MOREIRA, Egon Bockmann (coord.) *Tratado do equilíbrio econômico-financeiro*: contratos administrativos, concessões, parcerias público-privadas, Taxa Interna de Retorno, prorrogação antecipada e relicitação. 2. ed. Belo Horizonte: Fórum, 2019. p. 124).

permeabilidade da administração pública às construções consensuais dos contratos administrativos foi sendo viabilizada por meio de instrumentos participativos, que convidavam, de forma institucional, os agentes econômicos interessados a construir o projeto colocado futuramente em licitação. Destacam-se, nesse sentido, desde os procedimentos de manifestação de interesse e as manifestações de interesse privado até a participação em consultas e audiências públicas, *roadshows* e *market soundings*.[156]

Mas se a divisão propriamente dita dos riscos se realiza na fase interna da licitação, antes da publicação do edital, os efeitos dessas escolhas poderão (e muito provavelmente serão) vivenciados ao longo da execução contratual. Mas o fato de haver a mensuração e atribuição dos riscos de parte a parte não significa, por certo, a sua ocorrência. E nem ao menos significa que, uma vez ocorridos, ensejarão o desbalanceamento da equação econômico-financeira. Explica-se.

Se os riscos são conhecidos na partida, ao concessionário caberá, de antemão, a precificação, em sua proposta, das eventualidades que poderão ocorrer ao longo do contrato, as quais estarão sujeitas às hipóteses de mitigação e de melhor tratamento das consequências pela parte que for contratualmente responsável por aquele risco. É exatamente por isso que se defende que a repartição de riscos deve ser balizada por um exercício de compreensão de quem (público ou privado) terá condições mais favoráveis para evitar ou lidar com o risco uma vez ocorrido.[157]

Assim, não há que se falar em desequilíbrio econômico-financeiro quando um risco atribuível a uma parte ocorre, gerando efeitos apenas e tão somente para essa mesma parte, contratualmente responsável por suas consequências. O reequilíbrio apenas ocorrerá na hipótese de uma

---

[156] "A alocação objetiva de riscos consensualmente pactuada, assim compreendida diante da possibilidade de participação dos licitantes na construção do edital pelos mecanismos de consulta pública e eventuais road shows, afeta o regime jurídico do equilíbrio econômico-financeiro." (FORTINI, Cristiana; PIRES, Priscila Gianneti Campos. Equilíbrio Econômico-Financeiro nas Parcerias Público-Privadas. *In*: JUSTEN FILHO, Marçal; SCHWIND, Rafael Wallbach (coord.) *Parcerias Público-Privadas*: Reflexão sobre os 10 anos da Lei 11.079/2004. São Paulo: Revista dos Tribunais, 2015. p. 287).

[157] "A regra fundamental que deve orientar a alocação dos riscos está em atribuir o risco à parte com melhores condições para gerenciar a sua prevenção ou, não sendo possível, minimizar os prejuízos na hipótese de sua materialização." (GUIMARÃES, Fernando Vernalha. O equilíbrio econômico-financeiro nas concessões e PPPs: formação e metodologias para recomposição. *In*: MOREIRA, Egon Bockmann (coord.) *Tratado do equilíbrio econômico-financeiro*: contratos administrativos, concessões, parcerias público-privadas, Taxa Interna de Retorno, prorrogação antecipada e relicitação. 2. ed. Belo Horizonte: Fórum, 2019. p. 243).

parte responder pelos efeitos e danos (e, consequentemente, custos) de um risco atribuído contratualmente à outra parte.[158]

A ocorrência do risco, portanto, não ensejará, por automático, alterações contratuais (termos aditivos) ou a necessidade de revisitação dos encargos (inclusive pecuniários) previstos nas condições contratadas. Isso apenas ocorrerá quando for reconhecido, a partir de procedimento próprio e devidamente regido pelos termos contratuais ou regulamentares, que há a necessidade de repactuação dos termos contratados.

Não há como se negar, então, que a temática dos riscos nos contratos de concessão está diretamente relacionada a outros dois conceitos: o de desequilíbrio e de reequilíbrio econômico-financeiro.

A distinção entre desequilíbrio e reequilíbrio econômico-financeiro, mais do que uma relação de causa-consequência, terá conotação menos jurídica do que econômica.

O equilíbrio econômico-financeiro, afinal, "estará configurado, sob a óptica das concessões, quando o capital destinado ao investimento for remunerado por uma taxa que não só compense os custos financeiros, mas também custos econômicos de oportunidade do capital e dos riscos assumidos ao empreendimento".[159]

Não se trata, portanto, de uma mera equação encargos-remuneração, na medida em que não comporta a simplificação dos contratos de curto prazo, mas que deverá ser aferida "levando em conta muitas outras variáveis, tais como montante estimado de investimentos, fluxo de caixa projetado, cronograma de desembolsos, variações de receitas, custo de remuneração do capital".[160]

---

158 Nesse sentido, explica Flávio Amaral Garcia: "Com efeito, a ocorrência de determinado evento, atribuído como risco a uma das partes, pode provocar uma alteração significativa na conformação original do contrato, mas sem que, necessariamente, se torne indispensável a celebração de termo aditivo. Tal fato ocorre, pois, na matriz de risco, já definiu de antemão que, na eventualidade daquela circunstância se concretizar, qual parte deverá assumir as suas consequências" (GARCIA, Flávio Amaral. *A mutabilidade dos Contratos de Concessão no Brasil*. 2019. Tese (Doutorado) – Universidade de Coimbra, Coimbra, 2019a. p. 57).

159 MOREIRA, Egon Bockmann; GUZELA, Rafaella Peçanha. Contratos administrativos de longo prazo, equilíbrio econômico financeiro e Taxa Interna de Retorno (TIR). *In*: MOREIRA, Egon Bockmann (coord.) *Tratado do equilíbrio econômico-financeiro*: contratos administrativos, concessões, parcerias público-privadas, Taxa Interna de Retorno, prorrogação antecipada e relicitação. 2. ed. Belo Horizonte: Fórum, 2019. p. 425.

160 MARQUES NETO, Floriano de Azevedo. Breves considerações sobre o equilíbrio econômico-financeiro nas concessões. *Revista De Direito Administrativo*, v. 227, p. 105-110, 2002.

Se o equilíbrio econômico-financeiro é formado no início da relação público-privada, com a apresentação da proposta pelo licitante a partir de um projeto conhecido e precificado, o desequilíbrio econômico-financeiro apenas ocorrerá na superveniência de um evento. Daí a profunda relação com o conceito de risco.[161]

O desequilíbrio econômico-financeiro ocorrerá, então, quando houver alteração das condições do projeto concessório, de forma que reste desbalanceada a relação inicialmente estabelecida que considerou parâmetros e circunstâncias específicas para a prestação do serviço. Não haverá, portanto, qualquer análise qualitativa sobre a natureza do evento de desequilíbrio que possa expurgar o direito à manutenção do equilíbrio econômico-financeiro: o cotejamento desse evento com as condições contratadas é a baliza objetiva da necessidade de repactuação das obrigações de parte a parte.

Conforme elucida Egon Bockmann Moreira:

> (...) é de se notar que a Lei Geral de Concessões não exige qualificativos para que se possa definir uma situação como de efetivo desequilíbrio econômico-financeiro. Ela não se vale de termos como "imprevisto", "lesão enorme", etc. A norma do art. 10 exige apenas a observância e o atendimento às "condições do contrato" para eclodir o dever de reequilibrá-lo (não a destruição dele, nem a excessiva onerosidade ou a lesão enorme). Basta preservar o equilíbrio do contrato em termos objetivos.[162]

Não há como relacionar abstratamente todos os fatos supervenientes que poderão categorizar o desequilíbrio econômico-financeiro: como visto, esse diagnóstico dependerá da análise desses eventos, dos riscos distribuídos entre as partes, da conformação específica do projeto concessório e das condições efetivamente contratadas.

Contudo, uma vez ocorrido e reconhecido, o desequilíbrio deverá ser sucedido do respectivo reequilíbrio econômico-financeiro do contrato, realizado com a intenção de retornar a equação ao estado imediatamente anterior à ocorrência do evento.

---

161 Relembre-se que, também na doutrina de Floriano de Azevedo Marques Neto, caso se materialize evento de desequilíbrio que esteja alocado objetivamente como risco de uma das partes, e o evento surta efeitos apenas para essa contratante, não se ensejará reequilíbrio econômico-financeiro (MARQUES NETO. *Op. cit.*, 2002, p. 108).

162 MOREIRA, Egon Bockmann. *Direito das concessões de serviços públicos*: concessões, parcerias, permissões e autorizações. 2. ed. Belo Horizonte: Fórum, 2022. p. 366.

Letícia Lins de Alencar assim qualifica a relação de causa e consequência entre o desequilíbrio e o reequilíbrio:

> Embora o ideal seja a constante preservação do sinalagma econômico-financeiro, os contratos de concessão estão sujeitos a intempéries que podem culminar no desequilíbrio da equação econômico-financeira pactuada durante sua execução. Na medida em que o equilíbrio contratual nas concessões é dinâmico, admite-se certo grau de volatilidade à relação de equivalência material verificada em concreto. No entanto, a depender do evento causador deste desequilíbrio, é possível que o direito atribua efeito específico ao seu impacto no contrato: a possibilidade de invocação do equilíbrio econômico-financeiro.[163]

Portanto, uma vez identificados o evento de desequilíbrio, sua quantificação e responsabilidade pela obrigação, a forma como esse reequilíbrio ocorrerá dependerá de uma decisão que reverberará no fluxo financeiro da concessionária, devendo, portanto, ser objeto de avaliação pelo Poder Público.

Veja-se, por exemplo, que o reequilíbrio pode ser realizado por diversas modalidades, desde que contratualmente admitidas (aumento da tarifa, aumento do prazo, diminuição de obrigações de investimentos, entre outros), sendo que cada uma das escolhas realizadas ensejará um tratamento econômico e financeiro distinto.

Fernando Vernalha Guimarães, ao debater o reequilíbrio econômico-financeiro a favor do concessionário que não seja realizado por meio do pagamento contemporâneo ao desequilíbrio, registra que um dos principais embates que podem ocorrer é na taxa de desconto que irá ser utilizada para trazer o reequilíbrio a valor presente:[164]

> A recomposição da equação econômico-financeira destinada a neutralizar os prejuízos derivados da materialização de riscos previstos em contrato e alocados à responsabilidade do poder concedente (e que não relacionam à implementação de obrigações de investimentos futuros), quando não provida mediante pagamento integral e contemporâneo aos prejuízos suportados, com vistas a compensar os desembolsos do concessionário, será realizada mediante compensação incorporada e diferida no fluxo de caixa da concessão. Na medida em que os desembolsos do concessionário não serão contemporaneamente neutralizados

[163] ALENCAR, Letícia Lins de. *Equilíbrio na concessão*. Belo Horizonte: Fórum, 2019.

[164] GUIMARÃES, Fernando Vernalha. O equilíbrio econômico-financeiro nas concessões e PPPs: formação e metodologias para recomposição. *In*: MOREIRA. *Op. cit.*, 2019.

por pagamentos do poder concedente, será necessário definir os critérios financeiros para a compensação futura. Neste cenário, abre-se uma discussão relativamente às metodologias de cálculo atinentes à definição da taxa de desconto que será utilizada para compensar o descasamento do concessionário e as receitas futuras que lhe serão compensatórias.

Para fins do objetivo pretendido neste tópico, o que se quer é demonstrar que a temática dos riscos se espraia por todo o projeto de concessão: desde a concepção, na elaboração da matriz inicial, até a gestão contratual, com os efeitos dos eventos de desequilíbrio sendo vivenciados pelas partes. É nesse contexto que os desequilíbrios e reequilíbrios se enlaçam no cerne da relação contratual, na medida em que a viabilidade da continuidade do serviço dependerá desses fluxos de análise e do rebalanceamento de um equilíbrio econômico-financeiro juridicamente garantido.

Não é por outro motivo que, sem dúvida, a análise do tratamento dos riscos, dos procedimentos de apuração de desequilíbrios, da segurança jurídica e a previsibilidade para sua quantificação e eficaz pagamento estão no cerne dos desenhos e influxos contratuais e institucionais que são pensados para projetos de tamanha complexidade.

Mas, mesmo diante do mais nítido esforço de se delinear todas as metodologias, trâmites e influxos para esses temas, os contratos de concessão não serão capazes de traduzir em regras esse universo de possibilidades que se abrem diante de um projeto que se desempenha no tempo. É daí – da incapacidade de se adiantar todas as variáveis – que os contratos de concessão também se apresentam como contratos incompletos.

2.3.3 Contratos de concessão como contratos incompletos e lacunosos

No modelo de concessões no Brasil, é a partir dos contratos que serão parametrizadas as condições de prestação dos serviços delegados. Os contratos, portanto, estão no cerne da relação público-privada e na forma como os serviços serão prestados para o usuário. Os contratos, afinal, têm como missão precípua orientar a atuação das partes em prol de um serviço adequado, observando o art. 6º da Lei nº 8.987/1995.[165]

---

[165] "Art. 6º Toda concessão ou permissão pressupõe a prestação de serviço adequado ao pleno atendimento dos usuários, conforme estabelecido nesta Lei, nas normas pertinentes e no respectivo contrato.

Esses contratos, contudo, não serão capazes de prever de forma pormenorizada todas as condições e conjunturas sob as quais a relação público-privada se desempenhará. Decorre daí, da impossibilidade de os contratos albergarem todas as variáveis próprias do futuro, a qualificação dos contratos de concessão como contratos incompletos.[166]

A incompletude dos contratos de concessão não decorreria apenas de uma impossibilidade racional de previsão de variáveis, mas de uma escolha econômica, a partir da compreensão dos expressivos custos de transação para a celebração dos ajustes. Tal teoria, desenvolvida por Ronald Coase,[167] em breve resumo, conclui que a racionalidade limitada e a assimetria de informações conduzem à celebração de contratos incompletos, que carregariam alto custo de transação para a definição *ex ante* de todas as circunstâncias e possibilidades.

Conforme Marcos Nóbrega:

> O principal custo *ex ante* é o do desenho do contrato; o custo de estabelecer todas as contingências e peculiaridades que possam afetar o contrato durante sua execução. Por óbvio, quanto mais complexo for o objeto, mais caro será estipular cláusulas contratuais. Dependendo das circunstâncias, valerá a pena deixar um grau de incompletude apostando na possibilidade de repactuação mais à frente. Isso parece uma equação simples, mas não é. A correta mensuração desses custos vis a vis o grau de completude do contrato repercutirá em toda execução contratual e também determinará os custos de repactuação e do inadimplemento.[168]

Assim é que os contratos de concessão não seriam incompletos como um defeito ou uma insuficiência dos agentes públicos na técnica contratual, mas antes uma característica também decorrente da maior vantajosidade em restringir os custos no momento pré-contratual.[169]

---

§1º Serviço adequado é o que satisfaz as condições de regularidade, continuidade, eficiência, segurança, atualidade, generalidade, cortesia na sua prestação e modicidade das tarifas."

166 "Do ponto de vista jurídico-doutrinário, e especificamente quanto aos contratos de concessão de serviços públicos, incluindo as PPPs, há quase unanimidade em se afirmar tratar-se de pacto incompleto e sujeito a muitas alterações ao longo de sua extensa execução" (GUERRA, Sérgio. *Equilíbrio Econômico-Financeiro e taxa interna de retorno nas parcerias público-privadas. In*: JUSTEN FILHO, Marçal; SCHWIND, Rafael Wallbach (coord.) *Parcerias Público-Privadas*: reflexões sobre os 10 anos da Lei nº 11.079/2004. São Paulo: Revista dos Tribunais, 2015).

167 COASE, Ronald Harry. The Nature of the Firm. *Economica*, v. 4, n. 16, 1937. p. 386-405.

168 NÓBREGA. *Op. cit.*, p. 106.

169 Nesse sentido, Tatiana Esteves Natal analisa a complexidade dos contratos de concessão e a sua natural incompletude: "A completude contratual é tão mais desejável ou imperiosa quanto mais complexa e potencialmente prenha de contingências e riscos seja a

Nesse sentido, também Rafael Véras de Freitas:

> (...) no âmbito de uma relação contratual, tal incompletude se materializa pela assimetria de informações entre as partes, *ex ante*, e na impossibilidade (e na onerosidade) em se prever todas as suas contingências, *ex post*. Daí que a celebração de contratos de longo prazo (dotados de maior grau de incompletude) se justifica, justamente, pela necessidade de as partes obterem informações da contraparte.[170]

O autor, ainda, amparado na doutrina de Oliver Hart,[171] defende que, diante dos contratos incompletos, seria mais eficiente a celebração de contratos flexíveis, a partir do "estabelecimento de um ponto de referência, um parâmetro fixo, *ex ante*, e de variáveis a serem preenchidas *ex post*".[172]

A experiência brasileira, contudo, não caminhou nesse sentido. O reconhecimento dos contratos de concessão como contratos, em essência, incompletos acabou por incentivar um modelo de maximização da regulação por contrato, de forma a contemplar um regramento exaustivo das condições de prestação dos serviços. Os contratos passaram a se tornar, assim, modelos de regramento maximizado, em um exercício de futurologia que propusesse, *ex ante*, soluções para problemas ainda não identificados.[173]

---

transação. Assim, uma transação complexa demanda de seus agentes um maior esforço em busca da completude contratual do que uma transação simples. Os contratos de concessão encaixam-se nesse segundo grupo. Sua complexidade deriva não somente da temporalidade de sua vigência, da necessidade da prestação continuada dos serviços ou da especificidade dos ativos envolvidos, mas também do conjunto diverso de fatores externos que impactam a relação contratual estabelecida entre o Poder Concedente e o concessionário" (NATAL, Tatiana Esteves. *A teoria dos contratos incompletos e a natural incompletude do contrato de concessão*. c2014. Disponível em: https://fdocumentos.tips/document/a-teoria-dos-contratos-incompletos-e-a-natural-anapeorgbrsitewp-contentuploads201401004056tatiana.html?page=7. Acesso em: 7 jul. 2025).

170 FREITAS. *Op. cit.*, 2020, p. 169-170.

171 HART, Oliver; MOORE, John. Contracts as Reference Points. *The Quaterly Journal of Economics*, v. CXXIII, Feb. 2008.

172 FREITAS. *Op. cit.*, 2020, p. 170.

173 Em outra oportunidade, analisou-se tal movimento em vista dos contratos de concessão de rodovias federais: "A experiência com a primeira rodada de concessões rodoviárias e a necessidade de garantir segurança jurídica aos investidores proporcionou um movimento de ampla contratualização da regulação. Contratos de longo prazo, tidos como incompletos, não poderiam se sujeitar às incertezas do tempo. Os ciclos políticos, intrínsecos às avenças firmadas por tantos anos, não garantiriam a estabilidade necessária para a atratividade ao capital privado. Em que pese a institucionalização das agências reguladoras, entes dotados de anunciada autonomia e blindagem política, era preciso deixar claro, nas regras contratuais, cada um dos possíveis eventos futuros. (...) A partir dos contratos

O movimento de contratualização exaustiva da regulação,[174] como forma de pormenorizar os elementos estruturantes da prestação dos serviços públicos, é ambivalente. Se, de um lado, sinaliza que existem regras a guiar a atuação pública e privada ao longo da gestão contratual, em aceno à segurança jurídica e à correta avaliação de risco pelo investidor, de outro acaba por consumar, em um ato jurídico perfeito, condições de uma prestação que podem se tornar obsoletas.

---

anteriores, firmados nas etapas pretéritas de concessões rodoviárias, procurou-se acrescer às etapas subsequentes disposições contratuais que endereçam gargalos identificados nos contratos antecedentes. Com isso, o esforço realizado foi de apreender, em uma curva de aprendizado, quais as disposições deveriam ser "contratualizadas", a fim de garantir previsibilidade e segurança jurídica". Na mesma oportunidade, vislumbrou-se que o aumento das regras contratuais, em especial nos contratos de rodovias federais, sujeitos a exame prévio por parte do Tribunal de Contas da União, decorria também da atuação da Corte de Contas, conforme se vislumbrou em julgados específicos: "No Acórdão n. 1.174/18, que analisou a Rodovia de Integração Sul (RIS), é feita referência à manifestação da ANTT que deixa clara a insatisfação da agência com o avançar da análise realizada pelo TCU, e, em especial, com a imposição de um modelo regulatório não legitimado pela autarquia: No memorial apresentado, a ANTT alega que a Unidade Técnica teria inovado ao incorporar à sua análise elementos do primeiro e do segundo estágios da fiscalização prevista na Instrução Normativa nº TCU 46/2004, dando ao processo um caráter de auditoria operacional. Ao abordar elementos estruturantes da política pública setorial relativos à modelagem jurídica e econômica do contrato de concessão, teria havido um significativo alargamento do escopo da análise, em uma clara invasão do espaço de discricionariedade que a lei conferiu ao ente regulador. A pretensão da Unidade Técnica, segundo entende, teria sido a alteração do modelo regulatório e das regras contratuais, para que prevalecesse a sua concepção de melhor regulação contratual, imiscuindo-se em matéria regulatória da Agência, usurpando a competência do gestor público" (Tribunal de Contas da União, Acórdão nº 1174/2018). O voto do Relator, Ministro Bruno Dantas, no entanto, deixou clara a discordância entre as instituições: "No meu entender, não ocorreu nenhum tipo de excesso na instrução processual. Tendo em vista a expertise que os técnicos da Seinfra Rodovia Aviação (Secretaria de Fiscalização de Infraestrutura Rodoviária e da Aviação Civil) adquiriram em anos de fiscalização e acompanhamento de concessões rodoviárias, e presentes as minutas de edital e contrato para análise, natural que a unidade instrutora tenha procurado apontar todos os riscos que vislumbrou poderem ocorrer no futuro contrato, à luz do que se tem observado nas avenças pretéritas. Nesse sentido, a meu ver, agiu de forma tempestiva e em plena aderência ao princípio da eficiência a que alude o art. 37, *caput*, da Constituição Federal" (parênteses nossos) (FAJARDO, Gabriel Ribeiro. O duplo sistema de regulação (agência e contrato): um olhar sob a ótica dos contratos federais de rodovias. *Revista do Tribunal de Contas do Estado de Minas Gerais*, Belo Horizonte, ano 1, v. 36, n. 1, 2018).

174 Na doutrina de Flávio Amaral Garcia: "A contratualização da regulação pode ser uma estratégia garantidora de maior segurança jurídica para os investidores, mormente em Países em desenvolvimento, pois estes são, em tese, propensos a fluxos de instabilidade política e econômica. Por sua vez, com a contratualização, incorporam-se direitos e obrigações para ambos sob o manto do ato jurídico perfeito, o que pode tornar mais tormentosas as adequações da flexibilidade e mutabilidade inerentes a esses arranjos contratuais duradouros" (GARCIA, Flávio Amaral. A mutabilidade e incompletude na regulação por contrato e a função integrativa das agências. *Revista de Direito da Procuradoria Geral*, Rio de Janeiro, p. 93, 2017).

No cirúrgico diagnóstico de Egon Bockmann Moreira:

> Claro que a resposta instintiva a eventuais incompletudes contratuais (ou regulatórias) é a melhor elaboração de cláusulas ou dos regulamentos. Se os administradores públicos fossem oniscientes e onipotentes, a fixação de cláusulas perfeitas, combinada com a regulação adequada, poderia gerar a incolumidade dos projetos de concessão e sua imutabilidade. Mas fato é que esse mundo é imaginário; o mundo real é imperfeito (...).[175]

É um desafio constante, portanto, buscar medidas que endereçem tanto a necessária segurança jurídica para o investimento privado quanto a capacidade da adequação do serviço público de se manter com um objetivo permanente das partes.[176] Está-se diante, por certo, da constante tensão entre o binômio flexibilidade e previsibilidade, um oximoro aparente, mas que está na essência dos contratos de concessão, decorrente diretamente de outro binômio: satisfação da política pública (objetivo primeiro da administração pública) e busca do lucro legítimo (pelo particular).[177]

Isso significa dizer que os contratos de concessão, ao mesmo tempo que deverão endereçar as alterações contextuais próprias das alterações do tempo em que vivemos, estarão sempre sujeitos à preservação do equilíbrio econômico-financeiro.

Também não se pode perder de vista que os contratos administrativos não são fins em si mesmos, mas sim meios para a execução de determinada política pública. Seus objetivos devem estar aderentes com o anseio da sociedade e devem se adequar continuamente à realidade. Assim, os contratos complexos requerem flexibilidade suficiente para absorver as alterações relevantes de contexto, as demandas das populações locais, as alterações de diretrizes de política pública, as novas tecnologias e os impactos dos eventos imprevisíveis, sob pena de se tornarem anacrônicos ou despropositados.[178]

---

[175] MOREIRA. *Op. cit.*, 2022, p. 36-37.

[176] "A coordenação racional e harmônica entre a segurança jurídica e a mutabilidade inerente à gestão na prestação de serviços públicos e disponibilização das infraestruturas, por meio de relações contratuais duradoras, consiste em desafio contemporâneo a ser enfrentado, e que não mais se revela solucionável pelos esquemas e arranjos tradicionais" (GARCIA. *Op. cit.*, 2019b, p. 134).

[177] Parte das afirmações ora trazidas neste tópico foi debatida em outro trabalho: FAJARDO, Gabriel Ribeiro; COHEN, Isadora; FERREIRA, Isabel Campos. Binômio previsibilidade x flexibilidade em contratos de concessão de rodovias. *In*: DAL POZZO; ENEI (org.) *Op. cit.*, p. 392-405.

[178] Na doutrina de Antônio Moreira Barbosa de Melo: "A este propósito é oportuno, por fim, lembrar que os contratos administrativos duradouros, como de resto muitos contratos

Dessa forma, o equilíbrio do binômio entre previsibilidade e flexibilidade é de extrema relevância não apenas para a saúde do contrato em si, mas para o atingimento de suas finalidades públicas e também a segurança das partes. E, como tal, o contrato é um projeto vivo e continuado, que deve se renovar constantemente a fim de se manter consonante com os interesses dos seus beneficiários.[179]

Assim é que a dinamicidade dos serviços públicos, as necessidades sociais, as condições de prestação, a tecnologia[180] e tantas outras variáveis próprias da incerteza não comportam soluções findas e antecipadas. É impossível se adiantar a todas as situações que se concretizarão no porvir, e o exercício de tentar antecipar todas as variáveis para transmutá-las em cláusula contratuais é em vão.

Se o longo prazo é uma característica intrínseca dos contratos de concessão, fato também é que esses ajustes vivenciarão as transformações próprias da passagem do tempo e das alterações contextuais da dinâmica social, econômica e tecnológica.[181] De tal forma, os contratos

---

privados (v.g., entre empresas), são entidades eminentemente dinâmicas, no sentido de que organizam as relações entre os contraentes no âmbito do seu objeto, ficando abertos a uma execução criativa ou implementação por meio de sucessivos e contínuos arranjos, ajustamentos ou protocolos, consoante o aconselhar a evolução do estado das coisas no respectivo mundo" (MELO, Antônio Moreira Barbosa de. A ideia de contrato no centro do universo jurídico-público. *In*: GONÇALVES, Pedro Costa (org.) *Estudos de contratação Pública – I*. Coimbra: Coimbra Editora, 2008. p. 20).

[179] "Rígidos esquemas contratuais que congelam modos e meios de execução do objeto podem rapidamente se desatualizar diante da realidade mutante e cambiável das estruturas sociais, políticas, econômicas, financeiras e, principalmente, tecnológicas constantemente impactadas por inovações e circunstâncias supervenientes e imprevisíveis" (GARCIA. *Op. cit.*, 2017, p. 95).

[180] Atualidade relaciona-se com outro ângulo do conceito de eficiência. Dentro de certos limites, um serviço pode ser eficiente, ainda que não seja moderno. Haverá um certo ponto de ruptura entre ausência de modernidade e eficiência. As necessidades dos usuários podem ser atendidas satisfatoriamente por meio de serviços prestados segundo técnicas ultrapassadas pela evolução científica. Mas a manutenção das técnicas anteriores, diante de contínuas inovações da ciência, tenderá a produzir ineficiência. O progresso tecnológico produz redução de custos e de tempo e ampliação de utilidades ofertáveis ao público, mais ainda de novas necessidades. Portanto, não adotar novas técnicas significa desatender às necessidades a ela relacionadas (JUSTEN FILHO, Marçal. *Teoria Geral das Concessões de Serviços Públicos*. São Paulo: Dialética, 2003).

[181] "Melhor: é justamente porque reverenciamos os contratos que devemos também respeitar as suas mutações, sobretudo aquelas objetivas, que decorrem dos fatos, da evolução tecnológica, das novas demandas de mercado – e não apenas das vontades unilaterais dos contratantes. Isso com lastro na constatação óbvia de que não se pode prever o futuro – isso é atividade de cartomantes, não de reguladores nem de contratos administrativos" (MOREIRA, Egon Bockmann. As mutações contratuais nas telecomunicações: concessões que se transformam em autorizações. Disponível em: http://www.gazetadopovo.com.br/justica/colunistas/egon-bockmann-moreira/as-mutacoes-contratuais-nas-telecomunicacoes-concessoes-que-se-transformam-em-autorizacoes-18g70d2z0f062dx7g87qnmdac. Acesso em: ago. 2025).

de concessão, por mais descritivos que sejam, serão sempre lacunosos e incompletos e dependerão de um exercício de complementação que só poderá ser realizado no tempo presente, quando tais brechas se tornarão questão posta à interpretação das partes e do regulador.[182]

As incompletudes dos contratos de concessão, aliás, têm relação intrínseca com a mutabilidade desses ajustes e do serviço que regulam, tendo em vista que as lacunas só serão sentidas na presença de um evento que as identifique, e mesmo as regras colocadas estão sempre sujeitas à revisão em virtude das vicissitudes próprias das alterações contextuais.

Afinal, contratos não são entidades jurídicas etéreas, celestiais, apartadas da vida concreta e da dinâmica social. São, antes de mais nada, vínculos que se traduzem a partir do contexto.

2.3.4 Mutabilidade dos contratos de concessão

A mutabilidade dos contratos de concessão se relaciona diretamente com o longo prazo e com a incompletude dos termos contratuais. A mutabilidade é, aliás, o elemento resultante dessas características sustentadoras dos contratos de concessão, que permitirá que o ajuste firmado não se torne obsoleto e possa enfrentar os desafios surgidos no tempo.[183]

A centralidade do tema nas concessões é mais uma comprovação da diferenciação desses contratos para os demais ajustes firmados

---

[182] Marcos Nóbrega constata que a incompletude dos contratos de concessão, especialmente pela ausência de negociação *ex ante* dada a adesão ao contrato pelo particular, "empurra para o momento *ex post* todos os conflitos. Dessa forma, não por menos, acumulam-se na fase da execução contratual várias demandas, sobretudo no que tange ao reequilíbrio econômico-financeiro e infindáveis alegações e álea administrativa e econômica" (NÓBREGA, Marcos. Direito da Infraestrutura. São Paulo: Quartier Latin, 2011. p. 116).

[183] Em outra oportunidade, afirmou-se: "Ainda que pautados sob robusto arcabouço regulatório e institucional, os contratos de longo prazo contam com um elemento próprio da vida: a incerteza e inexatidão daquilo que virá. Não há como manter arregimentado em bases imutáveis aquilo que se fez em um quadrante já não mais existente. Não há como jurar compromisso eterno àquilo que tem como essência a mutabilidade. Contratos de longo prazo precisam, assim, ser vivenciados de forma orgânica, compreendidos como resultado de um conjunto de fatores que podem ser alterados, a qualquer tempo. São, com isso, fruto do contexto, tanto das condições econômicas e técnicas quanto daquelas aos quais se sujeitam os gestores públicos que os manejam. Compreender sua essência é enxergar possibilidades juridicamente defensáveis para sua alteração" (FAJARDO, Gabriel Ribeiro. Ortodoxia da vinculação ao instrumento convocatório resistirá ao novo coronavírus? *Jota*, 2020. Disponível em: https://www.jota.info/opiniao-e-analise/colunas/infra/ortodoxia-da-vinculacao-ao-instrumento-convocatorio-resistira-ao-novo-coronavirus-16042020. Acesso em: 16 set. 2022).

ordinariamente pela administração pública. Marçal Justen Filho diagnostica que, se nos contratos administrativos comuns a mutabilidade é uma circunstância não esperada, anormal, nas concessões ela é elemento constituinte, decorrente da própria natureza dos serviços prestados, de forma que "esse vínculo inafastável entre a concessão de serviço público e a satisfação de necessidades coletivas essenciais conduz à necessidade de permanente adequação da atividade desenvolvida pelo concessionário (...)".[184]

Em décadas, muitas mudanças podem ocorrer no pano de fundo do contrato, o qual precisará gozar de flexibilidade para se adaptar às novas realidades, sob pena de condenar os cidadãos à prestação de serviços permanentemente obsoletos e despropositados.[185]

As regras contratuais, portanto, deverão ser interpretadas de forma a manter esses ajustes atuais e coerentes com o tempo presente, mas, ao mesmo tempo, estão sujeitas às condições colocadas para o negócio, de forma a não desnaturar os contornos objetivos do que se considerou à época da estruturação do projeto e da celebração do negócio.[186] É o que diagnostica Egon Bockmann Moreira:

> E, a não ser que se esteja diante de profetas ou astrólogos (cargos ainda não criados na Administração brasileira), não existe algo que possa ser chamado de "previsibilidade" em contratos com 35 anos de duração – os

---

184 JUSTEN FILHO. *Op. cit.*, 2003. p. 85.

185 Vale lembrar que os contratos de concessão de serviços públicos, nos termos do art. 6º da Lei nº 8.987/1995, devem se manter adequados, o que pressupõe, nos termos do §1º, a satisfação das condições de regularidade, continuidade, eficiência, segurança, atualidade, generalidade, cortesia na sua prestação e modicidade das tarifas.

186 Alexandre Santos de Aragão defende os seguintes limites na alteração dos contratos de concessão: "1. Impossibilidade de reequilíbrio econômico-financeiro: a alteração só será legítima se os elementos da equação que se forma com a apresentação da proposta do concessionário na licitação puderem ter um dos elementos alterados para o resultado financeiro final do concessionário permanecer o mesmo; 2. Se a alteração provocar uma alteração no marco regulatório tal que corrompa a própria equação econômico-financeira. Os elementos desta podem ser alterados e compensados uns com os outros, mas não pode a própria fórmula matemático-financeira inicial ser extinta para a adoção de outra. Uma coisa é a recompor a equação, outra completamente diferente é substituí-la por outra. Efetivamente, para que a equação econômico-financeira seja mantida, os montantes dos seus elementos são alterados, mas a equação em si – os seus elementos qualitativamente considerados – devem continuar os mesmos. 3. A alteração do contrato ou do marco regulatório não pode chegar a fazer com que o próprio objeto do contrato passe a ser outro, já que o concessionário da licitação passaria a prestar serviços diversos dos serviços para os quais concorreu. Não poderia, por exemplo, uma empresa de telefonia móvel ter o seu contrato de prestação de serviços a uma empresa pública alterado para deixar de prestar esses serviços e passar a prestar serviços de provimento de internet" (ARAGÃO, Alexandre Santos de. Revisão tarifária substitutiva da modelagem econômica licitada. Parecer. *In*: MOREIRA. *Op. cit.*, 2019, p. 48-49).

> quais são naturalmente incompletos. O binômio previsto/imprevisto traz consigo uma carga extraordinária de subjetividade (ausente no mundo dos fatos). O que existe é um conjunto de circunstâncias objetivas – que se constituem a base objetiva do negócio, a ser objetivamente examinada no curso da execução contratual.[187]

Mas, da mesma forma que os contratos de concessão podem ser um problema para a necessária mutabilidade das condições de prestação do serviço ou da forma como se relacionam as partes público-privadas, também podem ser o lastro jurídico necessário para dar guarida a construções conjuntas, pontuais e sempre atualizadas.

Assim, mais do que tentar antecipar todas as situações que poderão se concretizar no futuro, os contratos de concessão – evoluídos a partir de uma notável curva de aprendizado da experiência anterior vivenciada desde as primeiras concessões da década de 1990[188] – passam a dispor de regras para a procedimentalização da mutabilidade, que pavimentarão as transformações que certamente surgirão.

Flávio Amaral Garcia defende, nesse sentido, que a legislação brasileira não cuidou de dispor atentamente sobre as regras para que a mutabilidade dos contratos de concessão pudesse ser viabilizada.[189]

Por muito tempo, um dos entendimentos era de que a mutabilidade dos contratos de concessão esteve adstrita à reprodução literal do que prevê o art. 65[190] da Lei nº 8.666/1993. A Lei nº 8.987/1995 e a Lei

---

[187] MOREIRA, Egon Bockmann. Contratos administrativos de longo prazo: a lógica de seu equilíbrio econômico-financeiro. *In*: MOREIRA. *Op. cit.*, 2019, p. 94.

[188] Para uma análise da evolução dos contratos de concessão de rodovias federais, ver: SENNA, Laís Ribeiro de. Análise do desenvolvimento de modelagens contratuais no Programa de Concessões de Rodovias Federais. *In*: TOJAL, Sebastião Botto de Barros. SOUZA, Jorge Henrique Oliveira (coord.) *Direito e infraestrutura*: rodovias e ferrovias. Belo Horizonte: Fórum, 2021. p. 211-249; GASIOLA, Gustavo Gil; MARRARA, Thiago. Concessão de rodovia: análise crítica da prática contratual brasileira. *In*: TOJAL; SOUZA (coord.) *Op. cit.*, p. 399-428.

[189] GARCIA. *Op. cit.*, 2019a.

[190] "Art. 65. Os contratos regidos por esta Lei poderão ser alterados, com as devidas justificativas, nos seguintes casos: I – unilateralmente pela Administração: a) quando houver modificação do projeto ou das especificações, para melhor adequação técnica aos seus objetivos; b) quando necessária a modificação do valor contratual em decorrência de acréscimo ou diminuição quantitativa de seu objeto, nos limites permitidos por esta Lei; II – por acordo das partes: a) quando conveniente a substituição da garantia de execução; b) quando necessária a modificação do regime de execução da obra ou serviço, bem como do modo de fornecimento, em face de verificação técnica da inaplicabilidade dos termos contratuais originários; c) quando necessária a modificação da forma de pagamento, por imposição de circunstâncias supervenientes, mantido o valor inicial atualizado, vedada a antecipação do pagamento, com relação ao cronograma financeiro fixado, sem a correspondente contraprestação de fornecimento de bens ou execução de obra ou serviço;

nº 11.079/2004 não trouxeram qualquer inovação na temática, cabendo à regulação por contrato a disciplina casuística diante do silêncio do legislador.

Não raramente, interpretavam-se as possibilidades de alteração dos contratos de concessão sob uma lógica restritiva, com imenso apego à teoria da imprevisão e com as regras limitadoras próprias dos contratos até então regidos pela Lei nº 8.666/1993.

Vê-se, por exemplo, que durante muito tempo se estendeu a discussão se os contratos de concessão deveriam ou não respeitar o limite de vinte e cinco por cento de alterações qualitativas e quantitativas, previsto no §1º do art. 65 da Lei nº 8.666/1993, hoje refletido no art. 125 da Lei nº 14.133/2021.[191]

Em consulta realizada ao Tribunal de Contas do Estado de Minas Gerais, a corte se manifestou no sentido de reconhecer a não aplicabilidade da regra aos contratos de concessão comum, patrocinada e administrativa, prevendo, ainda, requisitos para que as alterações se processassem sem desnaturar o objetivo das delegações realizadas:

> 1. os limites quantitativos de alteração contratual previstos no art. 65 da Lei nº 8.666/1993 não devem ser aplicados aos contratos de concessão comum e de parcerias público-privadas, quer na modalidade patrocinada, quer na modalidade administrativa;
>
> 2. não é possível, salvo por meio de lei, estabelecer prévia limitação, qualitativa ou quantitativa, para as alterações contratuais unilaterais promovidas pela Administração, nessas espécies contratuais, notadamente em razão das especificidades dos contratos de concessão comum e especial;

---

d) para restabelecer a relação que as partes pactuaram inicialmente entre os encargos do contratado e a retribuição da administração para a justa remuneração da obra, serviço ou fornecimento, objetivando a manutenção do equilíbrio econômico-financeiro inicial do contrato, na hipótese de sobrevirem fatos imprevisíveis, ou previsíveis porém de consequências incalculáveis, retardadores ou impeditivos da execução do ajustado, ou, ainda, em caso de força maior, caso fortuito ou fato do príncipe, configurando álea econômica extraordinária e extracontratual."

191 "Art. 65 (...) §1º O contratado fica obrigado a aceitar, nas mesmas condições contratuais, os acréscimos ou supressões que se fizerem nas obras, serviços ou compras, até 25% (vinte e cinco por cento) do valor inicial atualizado do contrato, e, no caso particular de reforma de edifício ou de equipamento, até o limite de 50% (cinquenta por cento) para os seus acréscimos.
Conforme a atual Lei 14.133/2021: "Art. 125. Nas alterações unilaterais a que se refere o inciso I do *caput* do art. 124 desta Lei, o contratado será obrigado a aceitar, nas mesmas condições contratuais, acréscimos ou supressões de até 25% (vinte e cinco por cento) do valor inicial atualizado do contrato que se fizerem nas obras, nos serviços ou nas compras, e, no caso de reforma de edifício ou de equipamento, o limite para os acréscimos será de 50% (cinquenta por cento)."

> 3. toda e qualquer alteração dos contratos devem ser devidamente justificadas, conforme preceitua o *caput* do art. 65 da Lei de Licitações, atendidos os seguintes requisitos:
>
> a) as alterações não podem:
>
> – ir de encontro às estratégias da Administração para a contratação pretendida;
>
> – transcender, em natureza e propósito, o objeto do contrato;
>
> b) as alterações procedidas devem ser devidamente justificadas face ao atendimento do interesse público, quanto à necessidade e vantagens do aditamento, comparadas à opção de nova licitação na mesma modalidade ou outras formas de contratação;
>
> c) os impactos financeiros devem ser devidamente calculados e demonstrados, fundamentados em estudo técnico, asseguradas a proporcionalidade e sustentabilidade do reequilíbrio econômico-financeiro requerido;
>
> d) as prorrogações de prazo devem ser dimensionadas para a proporcional recuperação do equilíbrio econômico financeiro, devidamente legitimado pelas condições acima elencadas, não podendo configurar caráter de exclusividade na prestação do serviço.[192]

Assim, se é certo que é impossível antecipar todos os eventos que poderão ocorrer a partir da celebração do vínculo contratual, também o é a viabilidade de se estabelecer os parâmetros por meio dos quais essas alterações conjunturais poderão ser refletidas nas obrigações das partes e na condição de prestação do serviço.

Segundo Flávio Amaral Garcia:

> Se não é possível prever que tipo de ocorrência abalará o contrato de concessão, pode-se cogitar de uma regulação que explicite o modus operandi da mutabilidade, estruturada a partir da densificação de princípios e dos valores que assegurem transparência e legitimidade, mormente, nas situações de o processo decisório pressupor a construção de soluções dialógicas e consensualmente negociadas. É crucial a definição no contrato de concessão de regras claras sobre o procedimento da mutabilidade. O esperado nos contratos de concessão é a mudança.[193]

Os contratos de concessão mais recentes, portanto, trataram de disciplinar tais procedimentos, abrindo espaços para revisitação das

---

[192] MINAS GERAIS. Tribunal de Contas do Estado de Minas Gerais. *Informativo de jurisprudência n. 246, de 2022*. Belo Horizonte: TCEMG, 2022.

[193] GARCIA. *Op. cit.*, 2019a.

condições de prestação do serviço, em primazia à atualidade e à adequação dos encargos e regras contratuais.

Foram incorporados, por exemplo, espaços de releitura dos contratos em períodos determinados, a exemplo das revisões quadrienais ou quinquenais, as chamadas revisões ordinárias. Nesses momentos, as partes poderiam analisar as condições delimitadas quando da celebração do contrato para reflexão sobre sua adequação e atual conformidade.

Não há um conteúdo específico, predeterminado, sujeito à revisão dos contratos de concessão. Cabe a cada contrato, segundo suas próprias disposições, estabelecer quais temas poderão estar sujeitos à rediscussão pelas partes.[194]

---

[194] No Programa de Concessões Rodoviárias de Minas Gerais, por exemplo, estabeleceu-se um conteúdo abrangente para as revisões ordinárias, que aconteceriam quinquenalmente, de forma a manter o contrato atualizado: "32.1 A cada ciclo de cinco anos, será realizada uma Revisão Quinquenal, que poderá culminar com a revisão de aspectos da Concessão, a fim de adaptá-los às modificações ou alterações que tenham sido percebidas em cada ciclo, sempre observando o equilíbrio econômico-financeiro do Contrato e as demais normas contratuais pertinentes. 32.2 As Revisões Quinquenais objetivam assegurar a manutenção do equilíbrio econômico-financeiro do Contrato, assim como a eficácia e a atualidade dos elementos contratuais, que devam ser ajustados para melhor adequação da Concessão às suas finalidades, considerando, dentre outros fatores: 32.2.1 A eficácia dos Parâmetros de Desempenho, Gatilho de Nível de Serviço e demais padrões e especificações previstas neste Contrato e em seus Anexos, para assegurar a adequada prestação dos serviços Objeto da Concessão; 32.2.2 As penalidades aplicáveis à Concessionária, incluindo seu procedimento de aplicação; 32.2.3 A necessidade de adequação do Contrato às reais necessidades advindas do Objeto da Concessão; 32.2.4 A implantação de sistema de operacional de arrecadação baseado no conceito de fluxo livre (*free flow*) e na cobrança de tarifas que reflitam a quilometragem percorrida pelos Usuários, e eventuais mudanças na alocação dos riscos atribuídos às Partes daí decorrentes, dentre outros mecanismos para tanto necessários, sem prejuízo do tratamento dessas matérias em Revisões Extraordinárias; 32.2.5 O percentual de perda de receita anual decorrente do DUF, bem como a possibilidade de sua revogação e a eventual alteração de suas condições, incluindo a alocação de riscos prevista nas Cláusulas 26 e 27 e Nível de Serviço. 32.3 As demandas por novos investimentos na Concessão deverão ser implementadas preferencialmente no bojo das Revisões Quinquenais, de modo a aprimorar o planejamento e a execução dos investimentos. 32.4 Por ocasião de cada Revisão Quinquenal serão contemplados conjuntamente os pleitos de ambas as Partes considerados cabíveis, de forma a compensar os impactos econômico-financeiros positivos e negativos decorrentes dos Eventos de Desequilíbrio". Vê-se, portanto, que para além do rol definido de possíveis temáticas para a revisão quinquenal, deixou-se um espaço para as partes poderem pleitear alterações e/ou inclusões que se fizessem necessárias (MINAS GERAIS. *Minuta de contrato de concessão do estado de Minas Gerais na Concorrência Pública Internacional n. 002/2021 para concessão do sistema rodoviário*. Disponível em: www.infraestrutura.mg.gov.br/images/documentos/licitacoes/2021/lote-triangulo-mineiro/Republicado-120222/Minuta%20de%20%20Contrato%20L1_%20p%C3%B3s%20esclarecimentos%20complementares%20-%2022_07_2022.pdf. Acesso em: 23 jun. 2025).

O objetivo seria, assim, manter o contrato oxigenado e aderente às necessidades presentes, além de dirimir possíveis passivos regulatórios que comprometem a saúde financeira dos contratos de concessão. Esses espaços de rediscussão abrem margens para a construção consensual de alternativas, a partir das quais as próprias contratantes, em exercício colaborativo, colocam em pauta seus pedidos de parte a parte.

Nas revisões ordinárias, podem ser pautados temas como a inclusão de novos investimentos e a rediscussão da matriz de riscos e dos parâmetros de prestação do serviço (incluindo penalidades), temas que, embora não encerrem o conteúdo da mutabilidade dos contratos de concessão, exemplificam bem como são ricas e complexas as discussões de revisitação dos termos ajustados.

2.3.4.1 Inclusão de novos investimentos

Uma das principais alterações que podem ocorrer em contratos de concessão é a inclusão de investimentos que não estavam previstos no escopo inicial do contrato. Esse investimento pode ser incluído por várias razões, inclusive diante da necessidade de satisfação de uma demanda que esteja relacionada com o objeto concedido, mas que não existia à época da estruturação do projeto e da celebração do contrato.

Se os contratos de concessão são de longo prazo e mutáveis, como visto, torna-se natural que a necessidade de um novo investimento possa surgir após a concepção do projeto e celebração do ajuste. As alterações que serão vivenciadas pelo contrato, afinal, são apenas resultantes das transformações que serão sentidas na sociedade, na concepção dos interesses que devem ser atendidos e na existência de uma nova realidade que até então não poderia ser sequer imaginada.

Gabriela Engler Pinto classifica três tipos de novos investimentos que podem surgir em contratos de parceria: os que são realizados para atualização dos serviços, em atendimento ao princípio da atualidade insculpido no art. 6º da Lei nº 8.987/1995; os investimentos prementes ou emergenciais; e os investimentos para expansão da infraestrutura.[195]

Em todos os casos, os investimentos que não estiverem contratualizados e que, portanto, não se enquadrem como encargos do parceiro

---

[195] RIBEIRO, Gabriela Miniussi Engler Pinto Portugal. *Novos investimentos em parcerias*. 2020. Dissertação (Mestrado) – Faculdade de Direito da Fundação Getulio Vargas, São Paulo, 2020. p. 34-43.

privado estarão sujeitos à avaliação de conveniência e oportunidade, bem como ao respectivo reequilíbrio econômico-financeiro.

Há, assim, uma análise técnica que deve ser realizada para se avaliar a vantajosidade do novo investimento em detrimento da realização de uma nova licitação. Esse percurso, portanto, avaliará o procedimento adotado para tal inclusão, o cumprimento dos critérios estabelecidos pelo contrato ou por normativo específico e, posteriormente, o cálculo que deverá ser realizado para recomposição do citado equilíbrio.

A temática, aliás, da inclusão de novos investimentos foi profundamente pautada pelo Tribunal de Contas da União na análise dos projetos mais recentes de concessões rodoviárias federais. O Tribunal de Contas entendeu, em análise da concessão de rodovia federal, que a ANTT deveria aprimorar as regras de inclusão de novos investimentos, incluindo os procedimentos para sua adoção e para o cálculo do novo encargo do concessionário. A preocupação do TCU, reiterada em oportunidades subsequentes, era de que houvesse possível dano ao erário em razão da não realização de investimentos obrigatórios e da inclusão de investimentos mais vantajosos à concessionária. Veja-se:

> 9.2. determinar à Agência Nacional de Transportes Terrestres (ANTT) que, previamente à publicação do edital de concessão da BR-101/290/386/448/RS, com fundamento no artigo 43, inciso I, da Lei 8.443/1992, c/c o art. 250, inciso II, do Regimento Interno do TCU:
>
> 9.2.1. aprimore as regras da minuta de contrato concernentes à inclusão de obras, investimentos e obrigações, em atenção ao disposto no art. 37, inciso XXI, da CF/88, e no art. 9°, §4°, da Lei 8.987/1995;
>
> 9.2.2. estabeleça no edital e na minuta de contrato limites e condições para a inserção e exclusão de obras ou obrigações do contrato de concessão, de forma a evitar o desvirtuamento do objeto do contrato, em atendimento ao princípio da licitação (CF/88, art. 175, caput, e art. 37, inciso XXI) e aos princípios da impessoalidade, moralidade e eficiência da Administração Pública (CF/88, art. 37, caput, e Lei 9.784/1999, art. 2º, *caput;*
>
> (...)[196]

A inclusão de novos investimentos tem intrínseca relação com a mutabilidade dos contratos de concessão: afinal, somente poderão ser adicionados ao escopo contratado se não tiverem sido previstos e

[196] Tribunal de Contas da União. Acórdão nº 1.096/2019.

caso cumpridos os critérios estabelecidos pela regulação. Mais recentemente, os contratos de concessão estão trazendo regras mais bem definidas para a categorização, inclusão e valoração investimentos, tendo em vista a atuação dos tribunais de contas[197] e a particular preocupação com o princípio da vinculação ao instrumento convocatório e com a vantajosidade das decisões administrativas.[198]

Um dos avanços havidos em relação a esses novos investimentos foi o estabelecimento quase unânime, nas concessões atuais, do fluxo de caixa marginal para cálculo do reequilíbrio econômico-financeiro. Trata-se de metodologia que aparta os novos investimentos do fluxo de caixa original do projeto, tratando-o como um outro negócio, que não se sujeita às condições estabelecidas para precificação dos investimentos obrigatórios, escopo inicial da concessão.[199]

O objetivo seria o de conseguir valorar os novos investimentos na exata medida de seu valor e de seu tempo, sem criar incentivos para que as condições da contratação original possam se estender a um novo negócio futuro, com condições próprias para sua execução.

---

[197] Comentando o Acórdão nº 1.096/2019, André Bogossian relata: "Também foram bastante discutidos os mecanismos contratuais relativos à inclusão de novos investimentos e seu reequilíbrio que em contratos da etapa anterior apresentavam incentivos para que os concessionários apenas realizassem os investimentos necessários ao início da cobrança tarifária (10% das metas de obras de expansão de capacidade). Nesse tema, destacam-se a limitação da inclusão de investimentos nos primeiros e últimos 5 (cinco) anos, a serem processados apenas em sede de revisão quinquenal, especificamente destinada a esse tipo de análise; a instituição de estoque de obras de melhoria; a adoção de modelo multicritério para a inclusão de investimentos, considerando análise de desempenho e priorização dos pleitos de novos investimentos, cogitando-se, assim, também, a implementação futura de modelagens alternativas em que novos investimentos são licitados dentro de um contrato de concessão, em procedimento a ser conduzido pelo concessionário e acompanhado pela agência, como ocorre no modelo chileno" (BOGOSSIAN, André. Acórdão 1.096/2019. *In*: DANTAS, Bruno; GUERRA, Sérgio (coord.) *Direito da Infraestrutura*: regulação e controle do TCU. Belo Horizonte: Fórum, 2021. p. 128-129).

[198] No Acórdão nº 1.174/2019 do Tribunal de Contas da União, que analisa a concessão da Rodovia de Integração Sul, o voto relator deixa clara essa visão, com base na fundamentação da unidade técnica: "No seu arrazoado, a unidade instrutora expõe que a inclusão de novos investimentos em excesso poderia constituir burla ao procedimento licitatório, na medida em que desvirtuaria o objeto da licitação. Desse modo, deve-se estabelecer, previamente à licitação, os limites e premissas para a inserção e exclusão de obras ou obrigações contratuais" (Tribunal de Contas da União. Acórdão nº 1.174/2019).

[199] "A premissa teórica da metodologia de fluxo de caixa marginal para reequilibrar investimentos adicionais é a de que esses novos investimentos devem ser tratados, do ponto de vista econômico, como um outro negócio, distinto daquele originalmente licitado e, por isso, não sujeito à taxa de atratividade original do projeto, estipulada à época da licitação (prevista no plano de negócios da concessionária). Em outras palavras, sendo o novo investimento um novo negócio para a concessionária (ainda que no âmbito do mesmo contrato), esse novo negócio deveria ser remunerado considerando-se o cenário econômico do momento da decisão de fazê-lo e não a rentabilidade do projeto original" (RIBEIRO. *Op. cit.*, p. 85).

Essa análise, contudo, dependerá de uma análise do tempo presente e passado da concessão, bem como de projeções que serão realizadas para mensuração do investimento. Trata-se de investigação técnica e econômico-financeira, que certamente repercutirá na matriz de riscos inicialmente concebida e no fluxo de investimentos do projeto.

2.3.4.2 Revisão da matriz de riscos do contrato de concessão

Como visto, a matriz de risco nas concessões parametriza quais eventos, uma vez ocorridos, serão de responsabilidade das partes. Trata-se de estipulação *ex ante* que confere ao contrato previsibilidade e segurança jurídica, buscando equalizar como os contratantes podem administrar melhor os riscos que estarão sob a sua gestão.

Mas, de igual forma às demais estipulações contratuais, a matriz de risco também é exercício de projeção das condições de prestação do serviço, sujeito à inadequação ou inviabilidade na vivência do projeto concessório.[200]

Cristiana Fortini, em artigo conjunto com Marcos Antônio Rios da Nóbrega e Caio Cavalcanti, defende a possibilidade de revisão da matriz de risco, em vista das condições reais de execução do contrato:

> Nessa toada, uma matriz de riscos pode não ter abordado dado risco, como também é possível cogitar de se alterar a matriz de forma a clarear a redação evitando dúvidas interpretativas. Mais que isso, havendo convergência e justificativa, é possível alterar o que fora estabelecido para além das hipóteses acima identificadas, dando novos contornos.[201]

Egon Bockmann Moreira, também advogando pela possibilidade de alteração da matriz de riscos, de forma a preservar o contrato e diminuir os custos de transação para os usuários, destaca a importância de

---

[200] Os contratos de concessão da nova rodada de concessões rodoviárias do Estado de Minas Gerais admitem expressamente a revisão da matriz de risco em sede de revisão ordinária (MINAS GERAIS. *Minuta de contrato de concessão do estado de Minas Gerais na Concorrência Pública Internacional n. 002/2021 para concessão do sistema rodoviário*. Disponível em: www.infraestrutura.mg.gov.br/images/documentos/licitacoes/2021/lote-triangulo-mineiro/Republicado-120222/Minuta%20de%20%20Contrato%20L1_%20p%C3%B3s%20esclarecimentos%20complementares%20-%2022_07_2022.pdf. Acesso em: 23 jun. 2025).

[201] FORTINI, Cristiana; NÓBREGA, Marcos Antônio Rios da; CAVALCANTI, Caio Mário Lana. Matriz de riscos dos contratos de parceria público-privada: alteração consensual. *Conjur*, 30 jun. 2022. Disponível em: www.conjur.com.br/2022-jun-30/interesse-publico-matriz-riscos-contratos-parceria-publico-privada. Acesso em: 23 jun. 2025.

como proceder à revisão da divisão de riscos. Segundo o autor, são seis os pontos que precisam ser endereçados. Em primeiro lugar, as partes devem agir de forma consensual, em prestígio à liberdade de empresa e à competência negocial da administração pública, desde que motivada.[202] Em segundo lugar, deve ser demonstrado o nexo causal entre o risco que será realocado e o fato vivenciado no contrato administrativo.

Ainda, deverá haver um procedimento transparente, com publicidade na internet e redes sociais, podendo também ser realizada consulta pública e participação/manifestação dos órgãos de controle, bem como divulgação prévia do termo aditivo à matriz de risco.

O autor também ressalva que a solução não poderá beneficiar apenas uma das partes, mas sim se ater à preservação do contrato administrativo, sem trazer vantagens econômico-financeiras a uma das partes (concedente ou concessionário).

Importante também que a negociação seja inovadora, mas que respeite a juridicidade. Assim, a revisão da matriz de risco não deverá ser meramente distributiva, mas "precisa se direcionar à preservação do valor social do contrato e no desenvolvimento da relação de longo prazo". E, por fim, o termo aditivo que efetivamente revisar a matriz de risco deverá estabelecer prazo para sua reavaliação.

No mesmo sentido, Fernando Vernalha Guimarães também admite a possibilidade da alteração da matriz de riscos, desde que de forma consensual, fruto de uma renegociação entre partes que, por vezes, podem estar em posições distintas em relação a determinado risco alocado:

> Como a aptidão e a capacidade das partes pode se alterar ao longo dos anos, inclusive pelo advento de mutações no mercado securitário, é perfeitamente adequado que as partes possam revisitar a matriz de riscos originariamente contratada com vistas a rediscuti-la e, eventualmente, modificá-la. É claro que a modificação dessa matriz dependerá de uma renegociação, fruto de um acordo entre as partes, sendo inviável ao poder concedente pretender alterá-la unilateralmente após a formalização do contrato, uma vez que sua formação coincide com a própria equação econômico-financeira do contrato de concessão.[203]

---

[202] MOREIRA. *Op. cit.*, 2022, p. 130-131.

[203] GUIMARÃES, Fernando Vernalha. O equilíbrio econômico-financeiro nas concessões e PPPs: formação e metodologias para recomposição. *In*: MOREIRA (coord.) *Op. cit.*, 2019, p. 95.

Assim, a revisão da matriz de riscos poderá ocorrer em momentos oportunos propiciados pelas renegociações contratuais e pela avaliação desta medida *vis-à-vis* os objetivos do projeto concessório – o que poderá, inclusive, colocar a administração pública e o concessionário em posições distintas, o que, aliás, não é incomum em contratos de concessão.

2.4 Contratos de concessão como fonte de interesses diversos

A possibilidade de delegação de serviços titularizados pela administração pública para prestação por agentes econômicos complexificou os interesses que se enredam na relação público-privada.

Se os contratos de concessão são instrumentos regulatórios do Poder Público para atingimento de fins específicos, estes veiculam, em geral, obrigações de serviços públicos, que envolvem, à primeira vista, uma triangulação de atores. Somam-se ao poder concedente e à Concessionária, partes do pacto concessório, os usuários, que fruirão os serviços prestados pelo parceiro privado. Mas, para além destes, os contratos de concessão relacionarão uma série de outras relações jurídico-contratuais que terão vinculação direta com o negócio concessório.

A própria relação entre o poder concedente e a agência reguladora (quando houver tal divisão), concessionária e usuários já inclui mais um vértice à clássica figura piramidal ilustrativa das relações público-privada-usuários. Mas, para além das relações contratuais entre Estado e mercado, haverá uma série de contratos relacionados à execução das tarefas intrínsecas à prestação do serviço contratado.

Nesse sentido, Floriano de Azevedo Marques Neto identifica:

> (...) a relação contratual subjacente à concessão não se restringe a esse vínculo comutativo. O contrato de concessão se caracteriza por estabelecer dois outros tipos de vínculos. De um lado, cria um vínculo associativo de longo prazo entre concedente e concessionário, por meio do qual ambos se associam em parceria para ensejar um objeto comum, malgrado com objetivos distintos.
>
> De outro lado, o pacto concessório acarreta vínculos que transcendem a esfera jurídica das partes diretamente contratantes, alcançando terceiros (...). O contrato de concessão cria vínculos multilaterais ou, mais precisamente, estabelece vários níveis ou camadas de relações jurídicas; vínculos concessionário-terceiros (estes podem travar relações

econômicas complementares ou concorrenciais com o concessionário ou ser afetado pela prestação); vínculo concedente-concessionário; e vínculo concessionário-usuários.[204]

Está-se diante, portanto, da concepção multilateral dos contratos de concessão, que não se circunscreve apenas aos interesses dos cocontratantes. Trata-se, na verdade, de uma evolução da bilateralidade clássica dos contratos administrativos para comportar as diversas relações que se enredam em torno do projeto concessório.

É o que constata Flávio Amaral Garcia:

> O avanço tecnológico, a complexidade na operacionalização e prestação dos serviços, o aporte de recursos privados e a consequente demanda na obtenção de novas fontes de financiamentos reconfiguraram os contratos de concessão no sentido de engendrar interesses que não mais se circunscrevem apenas ao do contraente público e do cocontratante. Tal constatação permite avançar na consideração de que os contratos de concessão deixam de ser bilaterais e passam a ostentar natureza multilateral. Isso decorre, em certa medida, da própria mudança de paradigma do Direito Administrativo.[205]

A aludida mudança de paradigma própria do direito administrativo retoma a doutrina de Floriano de Azevedo Marques Neto, para quem houve, também nas concessões, uma alteração do paradigma bipolar para o paradigma multipolar. Se antes as concessões eram concebidas com baixo conteúdo negocial, contrapondo interesses públicos e privados em torno de um contrato com pouca flexibilidade,[206]

---

[204] MARQUES NETO. *Op. cit.*, 2015, p. 149.

[205] GARCIA. *Op. cit.*, 2019, p. 86.

[206] "Como vimos no Capítulo II, basicamente podemos identificar, na configuração do instituto cunhada ao longo do século passado, que estão ligados ao paradigma bipolar os seguintes aspectos: (i) a identificação entre objeto concedível e atividade/bem precedentemente objeto de *publicatio*, é dizer, fruto de um monopólio ou de uma exclusividade estatal; (ii) seu caráter de contrato exorbitante ou dual, no qual conviveriam as cláusulas assecuratórias da autoridade (as chamadas "cláusulas de serviço") e outras garantidoras dos direitos do concessionário (cláusulas econômicas, de prevalência da autonomia e liberdade de contratar do particular); (iii) um baixo conteúdo negocial das cláusulas contratuais, que aproximaria o pacto concessório de um contrato de adesão, elaborado unilateral e exclusivamente pela administração, com a pretensão de dispor sobre todas as nuances e situações possíveis de incidir sobre a concessão; (iv) uma certa contradição na distribuição de riscos entre poder concedente e concessionária (conceitualmente, os riscos caberiam ao particular, mas, na prática, os mecanismos de proteção ao equilíbrio permitem transferir para o poder concedente praticamente todos os riscos enquadráveis na imprevisão); (v) os pactos concessórios com baixa flexibilidade, sendo que mesmo as

as concessões recentemente são verdadeiros instrumentos de cooperação público-privado, com efeitos transcendentes para uma cadeira de relações que escapa ao conceito de bilateralidade.

Assim, arremata o autor: "A hodierna concessão passou a refletir justamente o caráter multipolar e a assumir um caráter normativo amplo, disciplinador de várias outras relações jurídicas para além do vínculo concedente-concessionário".[207]

Tais alterações, profundamente vivenciadas na estruturação e gestão de contratos de concessão, não são apenas atestações doutrinárias. São, antes, exemplos práticos de como hoje são modelos projetos concessórios mais permeáveis aos interesses que rompem as fronteiras das partes signatárias desses contratos.

Imagine-se, por exemplo, a concessão de uma rodovia, envolvendo as obras de aumento de capacidade, manutenção do nível de serviço e operação, pelo prazo de trinta anos. Ao parceiro privado caberá observar as obrigações de investimento – que envolverão recursos significativos – e consequentemente o papel de um outro agente significativo na cadeia de vínculos que orbitam os contratos de concessão: os financiadores. Tendo-se em vista que as obrigações deverão ser realizadas em período determinado pelo programa de exploração rodoviária e que as receitas do projeto serão auferidas apenas no longo prazo, a partir do recebimento das tarifas dos usuários, a viabilização dos recursos necessários para as obras, por exemplo, em geral dependerá do capital de terceiros.

Assim, a atratividade da concessão passou a depender de uma análise do projeto, a fim de que o investidor pudesse ter informações seguras sobre a robustez da institucionalidade do poder concedente, do diálogo entre poder concedente-agência reguladora e, principalmente, das receitas da concessão, do prazo de *pay-back*, da confiabilidade da taxa interna de retorno, dos procedimentos previstos para o reequilíbrio econômico-financeiro, dos métodos estipulados de resolução de disputas etc.[208]

---

cláusulas de proteção do âmago negocial (as chamadas "cláusulas de equilíbrio econômico-financeiro") assumem um caráter rígido, pouco procedimental; e (vi) o tratamento tênue – ou a inexistência dele – dado aos demais particulares afetados pela concessão (que não o concessionário)" (MARQUES NETO. *Op. cit.*, 2015, p. 370).

207 MARQUES NETO. *Op. cit.*, 2015, p. 374.

208 As reflexões trazidas neste ponto estão presentes em: FAJARDO, Gabriel Ribeiro. A entrada de novos atores nas concessões de serviços públicos: a superação da racionalidade

Muito além da necessidade de se ter a figura do concessionário, os investimentos requeridos pelo regulador demandam a acreditação do projeto por parte dos financiadores, a ponto de serem endereçadas preocupações específicas a esses atores. E assim fez o legislador, por exemplo, ao introduzir novas disposições na Lei nº 8.987/1995,[209] que cuidaram de possibilitar aos verdadeiros alavancadores dos investimentos importante papel ao longo da concessão e, principalmente, diante de possíveis turbulências na relação contratual.

A evolução das concessões, inclusive, evidenciou a transmutação do perfil de parceiro privado buscado pela administração pública quando da formatação das condições de contratação. Se nos primeiros projetos importava-se a racionalidade da Lei nº 8.666/1993 para o enquadramento dos requisitos para a seleção dos interessados, com o passar do tempo e das condições conjunturais das contratações públicas brasileiras, foi sendo reconhecido que os projetos de concessão demandavam mais a *expertise* ordenadora das diversas relações contratuais que se enredavam para o cumprimento das obrigações demandadas do que de um perfil eminentemente executor.

Assim é que, muito mais do que capacidade operacional (sendo esta possível de ser encontrada no mercado com certa facilidade), reclama-se do concessionário verdadeiro traquejo governador, a ponto de saber escolher parceiros certos para as demandas de cada uma das frentes do serviço público concedido.

Nesse ponto, é interessante o diagnóstico cirúrgico de Carlos Ari Sundfeld e Juliana Bonacorsi Palma:

> Em grande medida, os dilemas jurídicos sobre a adequada estruturação dos projetos de infraestrutura decorrem da adoção da Lei n. 8.666/93 como paradigma de interpretação dos preceitos normativos que disciplinam as concessões (...). O adequado enfrentamento desses desafios passa, a nosso ver, pela crítica à aplicação da racionalidade da Lei

da Lei nº 8.666/93 e o caso da ARTESP. *Revista de Contratos Públicos*, Belo Horizonte, v. 8, n. 16, set. 2019/fev. 2020. Disponível em: https://dspace.almg.gov.br/handle/11037/37417. Acesso em: 23 jun. 2025.

209 É o caso, por exemplo, das possibilidades incluídas na Lei nº 8.987/1995 de que os financiadores possam exercer a assunção do controle ou da administração temporária da concessionária. Outro exemplo, ainda que não relacionado a turbulências na relação contratual, mas com o objetivo de atrair financiadores, é a disposição que permite que as concessionárias, para garantia de contratos de mútuo de longo prazo, possam ceder ao mutuante parcela dos créditos operacionais futuros.

n. 8.666/93 aos projetos de infraestrutura e pelo reconhecimento de que elementos que promovam a eficiência nas contratações públicas devem ser considerados na modelagem no edital de infraestrutura.[210]

Egon Bockmann Moreira, diante desse cenário, faz uma reflexão sobre como essa multiplicidade de interesses nos contratos de concessão se traduz na concepção do equilíbrio econômico-financeiro dessas avenças. Isso porque, classicamente, está-se diante de uma "balança" entre receitas e encargos, que formam o sinalagma do ajuste. Para o autor, contudo, nos contratos de longo prazo a balança não é uma alegoria adequada, tendo em vista a existência de uma rede de contratos que se inter-relacionam no projeto concessório.

> Nestes tipos contratuais, a figura da balança é inadequada, pois existe um negócio firmado entre concedente e concessionário que se destina à existência de outros contratos, fragmentados e espalhados no tempo, celebrados com todos e com cada um dos usuários (isso sem se falar nos contratos de empréstimos financeiros, de empreitada de obra, de pessoal, de tecnologia de informação, etc. etc.). Nós não estamos analisando uma relação jurídica bilateral desenvolvida no tempo presente, mas sim estamos diante de um negócio bilateral (Administração-particular), que dá origem a todo universo de relações multipolares, presentes e futuras. Assim, se balança houver, ela tem muitos pratos, de diferentes tamanhos e perspectivas, muitos deles presentes e outros tantos futuros.[211]

Assim, a complexidade das relações envolvidas em projetos de concessão traz como consequência a necessidade de ponderação e mediação dos diversos interesses que partem de uma relação inicial público-privada (concedente-concessionária), mas que não mais comporta simplificações. A regulação desses ajustes, portanto, passa pelo desafio de conseguir mediar a cadeia de vínculos, obrigações e contrapartidas que orbitam o contrato de concessão.

Não se está mais diante de uma pura dicotomia entre interesse público e privado, mas sim diante de uma rede de interesses legítimos de todas as ordens que demandam da função regulatória o papel decisivo de ponderação e decisão assertiva.

---

210 SUNDFELD, Carlos Ari; PALMA, Juliana Bonacorsi de. Dinâmica de preparação do edital. *In*: MARCATO, Fernando S.; PINTO JUNIOR, Mario Engler (coord.) *Direito da Infraestrutura*. 1. ed. São Paulo: Saraiva, 2017. v. 1, p. 31.

211 MOREIRA, Egon Bockmann. Contratos administrativos de longo prazo: a lógica de seu equilíbrio econômico-financeiro. *In*: MOREIRA (coord.) *Op. cit.*, 2019, p. 96.

2.5 A importância das agências reguladoras diante das características dos contratos de concessão

Se os contratos de concessão são incompletos, lacunosos, relacionais, mutáveis e sujeitos às vicissitudes do tempo, como visto, e se há setores em que a regulação por contrato e a regulação por agência convivem, resta a resposta a uma pergunta prática, que confronte as características dos contratos à atuação das agências: como esses entes, concebidos com objetivos específicos, podem ser agregados à relação público-privada, e mais, como podem contribuir para o sucesso do projeto concessório? Como as agências reguladoras podem agregar uma camada complementar aos contratos de concessão, trazendo mais segurança jurídica, previsibilidade, conforto técnico e maleabilidade para resolver os problemas que certamente surgirão em contratos de alta complexidade?

Mais do que isso: como as agências reguladoras podem ser um lócus requerido, desejado, institucionalmente arquitetado para complementar os contratos de concessão e garantir a execução do objeto contratual, o equilíbrio entre risco e retorno, a satisfação do usuário e a prestação de serviços satisfatórios à coletividade?

Para tentar perquirir a resposta a algumas dessas perguntas, é necessário divisar algumas das funções e responsabilidades específicas que as agências podem ter diante dos contratos de concessão, a partir das características já relatadas.

2.5.1 Função integrativa das agências reguladoras

O primeiro papel que caberia às agências reguladoras seria o de uma função integrativa aos contratos de concessão. Parte-se, nesse caso, dos pressupostos já abordados de complementação da regulação por agência à regulação por contrato.

Flávio Amaral Garcia defende que, diante da incompletude contratual dos contratos de concessão, cabe às agências reguladoras o papel determinante de uma "função regulatória secundária",[212] responsável por articular os interesses postos e encontrar um "ponto ótimo que assegure o equilíbrio sistêmico dos interesses juridicamente protegidos e que maximize as potenciais vantagens e benefícios dos interessados".

---

[212] Segundo o autor, secundária não porque pior ou menos importante, mas justamente porque aos contratos regulatórios caberia a função regulatória primária.

Para Garcia, existiria uma tríplice fragmentação na função regulatória diante do sistema de dupla regulação – este composto da regulação por contrato e por agência. O primeiro aspecto seria temporal, uma vez que ocorrido em momentos não coincidentes. Caberia, assim, à regulação por contrato definir *ex ante* as bases da prestação do serviço público, deixando à agência reguladora a função de suprir as lacunas deixadas por contratos incompletos. O segundo aspecto seria subjetivo, porquanto está-se diante de diferentes atores – a entidade federada titular do serviço ou da infraestrutura (Poder Público) e a própria entidade reguladora, apartada.

Já o terceiro e último elemento seria objetivo, na medida em que o contrato refletiria, primariamente, escolhas regulatórias fundamentais e decisivas para o restante da atividade regulatória, enquanto "a Agência, a partir dessas escolhas, secundariamente tem a tarefa de ponderar os diversos interesses na busca do justo equilíbrio e na função integrativa e negociada das incompletudes contratuais".[213]

Garcia também defende que cabe à Agência manter a atualidade das escolhas regulatórias realizadas *ex ante* (propriamente na regulação por contrato), conforme as circunstâncias presentes no momento de sua atuação e em conformidade com o papel que originalmente lhe havia sido pensado.[214]

Em outra oportunidade, afirmou-se:

> Fato é que contratos de concessão não serão sempre suficientes para parametrizar toda a relação público-privada, e relegar à decisão do gestor público a decisão casuística do preenchimento das lacunas é sujeitar o investimento as vicissitudes desta ou daquela gestão.
>
> (...) as agências protegem o interesse público: atentas às configurações do agora, permitem que a prestação do serviço seja sempre guiada pela necessidade das satisfações reais dos usuários, impedindo condutas oportunistas que prejudicam os predicados da ação estatal.[215]

---

213 No mesmo sentido, o autor defende em sua tese de doutorado que "nos setores duplamente regulados, as Agências exercem uma relevantíssima função integrativa, promovendo uma releitura das condições e dos compromissos consensualmente ajustados nos contratos de concessão" (GARCIA. *Op. cit.*, 2019a, p. 122).

214 Segundo Garcia: "Apesar de o contrato se constituir em um ato jurídico perfeito, será papel da entidade reguladora atualizar todos os conceitos e parâmetros contratuais, buscando sempre uma leitura à luz dos fatos e circunstâncias do presente. Afinal, o contrato de concessão é de longa duração e as condições fáticas iniciais permanecem estáticas e dependem de um adequado gerenciamento por parte do regulador." (GARCIA. *Op. cit.*, 2004, p. 81).

215 MARCATO, Fernando S.; FAJARDO, Gabriel Ribeiro. Por que uma agência reguladora de transportes? *In*: TOJAL, Sebastião Botto de Barros; SOUZA, Jorge Henrique de Oliveira

As agências exerceriam, nesses termos, uma função secundária, não por ser menos importante, mas sim por ser complementar aos contratos regulatórios.

Esse exemplo é prático nas resoluções publicadas pelas agências reguladoras. Vê-se, por exemplo, que a Resolução nº 3.651/2011, de lavra da ANTT, foi publicada com o intuito de instituir o fluxo de caixa marginal para as concessões das primeiras rodadas, em atendimento ao Acórdão nº 2.154/2007, do Tribunal de Contas da União.

Contudo, posteriormente, o tema foi sendo incorporado aos novos contratos de concessão, com particularidades e inovações em relação à normativa instituída. Assim, a Resolução foi alterada para deixar claro que seus termos se aplicariam aos demais contratos, desde que "respeitadas as condições contratuais".

O já citado Regulamento de Concessões Rodoviárias (RCR), que vem sendo emitido pela ANTT com o objetivo de padronizar as regras aplicáveis a concessões realizadas em diversas rodadas, também é exemplo prático da função secundária, na medida em que complementa termos contratuais diante de lacunas existentes, sem desprestigiar os contratos celebrados.

2.5.2 Mediação de interesses diversos

Na temática da medição de interesses contrapostos, Floriano Marques Azevedo Neto, trazendo a visão das agências reguladores tendo sido originalmente formatadas para serem entes dotados de plena autonomia e liberdade técnica e decisória, afirma que as negociações inerentes aos contratos regulatórios – porquanto flexíveis – serão muito mais bem conduzidas por essas entidades exógenas independentes do que pela administração pública estrito senso:

> Dada sua natureza relacional, os contratos de concessão – especialmente pelos traços e longa duração e cambialidade, por seu caráter normativo processual e pelo fato de alcançarem múltiplos atores e de demandarem permanentemente negociação regulatórios – deixam mais clara a necessidade de existência de uma autoridade reguladora que mantenha com a estrutura estatal uma relação de mais autonomia, de mais isenção. E essa demanda colocou a constituição de órgãos reguladores independentes como o instrumento para o exercício da autoridade estatal dentro

---

(coord.) *Direito e infraestrutura*: rodovias e ferrovias – 20 anos da Lei nº 10.233/2001. Belo Horizonte: Fórum, 2021. v. 2, p. 77-78.

> de uma perspectiva distinta da tradicional estrutura administrativa. E permitiu que os entes reguladores independentes se afirmassem como espaços públicos mais adequados para exercer e efetivar o arbitramento de interesses dos agentes enredados em torno do pacto concessório.[216]

No mesmo sentido, o autor defende que as autoridades reguladoras autônomas se caracterizam como espaços privilegiados de mediação e interlocução entre os diversos atores e interesses que se enredam em torno de serviços delegados. Marques Neto vai ainda mais a fundo na potencialidade das entidades reguladoras enquanto fonte integrativa quando defende que as agências "revelam-se mais adequados como espaços de mediação de conflitos que os espaços tradicionais do Parlamento, do Judiciário e mesmo dos organismos centrais do Executivo".[217]

No exercício de manter o equilíbrio sistêmico entre os diversos interesses enredados no projeto concessório, vale trazer à luz o conceito de "escolha regulatória", trabalhado por Sérgio Guerra. Para o autor, a escolha regulatória é uma espécie de escolha administrativa, exercida pelas agências reguladoras, voltadas à implementação de políticas públicas e à realização de direitos sociais, também na execução dos serviços públicos. "A escolha regulatória, de forma transparente, deve perseguir o equilíbrio sistêmico, adotando os mecanismos que permitam, sempre que necessário, a efetiva participação popular",[218] arremata o autor.

A escolha regulatória avançaria sobre o próprio conceito clássico de discricionariedade, costumeiramente entendido como os espaços deixados ao administrador público para decidir por oportunidade e conveniência diante das opções postas.[219] Em um sistema complexo, dotado de múltiplos interesses, com alta especialidade técnica, a regulação "não se enquadra nos muitos espaços puramente residuais do processo legiferante, tampouco, forma-se no estreito vezo regulamentar", na medida em que "carece de mobilidade, flexibilidade".[220]

---

216 MARQUES NETO. *Op. cit.*, 2015. p. 367.

217 *Idem*. A nova regulação estatal e as agências independentes. *In*: SUNDFELD, Carlos Ari (org.) *Direito Administrativo Econômico*. São Paulo: Malheiros, 2000. p. 82.

218 GUERRA, Sérgio. *Discricionariedade, regulação e reflexividade*: uma nova teoria sobre as escolhas administrativas. Belo Horizonte: Fórum, 2022. p. 146.

219 A definição de Maria Sylvia Zanella Di Pietro deixa clara o conceito clássico: "(...) o regramento não atinge todos os aspectos da atuação administrativa; a lei deixa certa margem de decisão diante do caso concreto, e tal modo que a autoridade poderá optar por uma dentre várias soluções possíveis, todas válidas perante o direito" (DI PIETRO, Maria Sylvia Zanella. *Direito administrativo*. 20. ed. São Paulo: Atlas, 2007. p. 196).

220 GUERRA. *Op. cit.*, 2022, p. 203.

Assim, o processo decisório das agências reguladoras, diante dos contratos de concessão, deve ser o de realizar escolhas que não se esteiem apenas na conveniência e oportunidade, mas que se debrucem sobre os cenários possíveis, os critérios de vantajosidade e de impacto regulatório. O aparato e a especialização técnica desenhados para essas entidades, afinal, devem estar a serviço da complexificação da escolha regulatória.

Não por outro motivo, a Lei nº 13.848/2019 positivou importantes instrumentos para qualificar o processo decisório.[221] Primeiramente, a lei consolidou em um único normativo o percurso que as agências devem adotar na emissão de suas decisões, evocando avanços que já vinham sendo observados, como os da Lei nº 13.655/2018, ao prever a necessidade de adequação entre meios e fins (art. 4º) e da indicação de pressupostos de fatos e de direito (art. 5º). Também foi avanço a definição uniforme de regras de transparência a serem seguidas por todas as agências, "com vocação para reduzir as assimetrias entre os agentes reguladores, os setores regulados e a sociedade em geral".[222]

Em todos esses cenários, as agências reguladoras se traduzem como entidades capazes de tomar decisões ponderadas, neutras, juridicamente defensáveis e com amplo lastro técnico para valorar possibilidades e escolhas.

2.5.3 Procedimentalização, avaliação e cálculo do desequilíbrio e do reequilíbrio econômico-financeiro

As agências reguladoras podem ter fundamental importância na preservação e manutenção do equilíbrio econômico-financeiro de um contrato de concessão. Afinal, uma vez ocorrido um evento de desequilíbrio, a avaliação dos pleitos de lado a lado, a aplicação da metodologia

---

[221] "Art. 4º A agência reguladora deverá observar, em suas atividades, a devida adequação entre meios e fins, vedada a imposição de obrigações, restrições e sanções em medida superior àquela necessária ao atendimento do interesse público.
Art. 5º A agência reguladora deverá indicar os pressupostos de fato e de direito que determinarem suas decisões, inclusive a respeito da edição ou não de atos normativos."

[222] SANTOS, Marcela de Oliveira; AVELAR, Mariana Magalhães. O processo decisório das agências reguladoras: desafios e oportunidades (artigos 7º e 8º a Lei nº 13.848/2019). *In*: SCHIER, Adriana da Costa Ricardo; FORTINI, Cristiana; CASIMIRO, Lígia Maria Silvia Melo de; VALLE, Vanice Regina Lírio do (coord.) *Marco legal das agências reguladoras na visão delas*: comentários à Lei nº 13.848/2019 e à IN nº 97/2020. Belo Horizonte: Fórum, 2021. p. 82.

de revisão contratual e o cálculo do valor do desequilíbrio e do consequente reequilíbrio serão melhor tratados pelas agências reguladoras.

Lucas Navarro Prado e Denis Austin Gamell analisam o papel da agência reguladora no equilíbrio econômico-financeiro em diferentes modelos regulatórios. É que há, para a regulação de preços, possibilidades distintas de estabelecimento e revisão do valor atribuído ao escopo contratado pela administração pública.

Especialmente nos mercados em que há monopólio natural, estar-se-á diante de dois tipos de regulação: a regulação contratual e a regulação discricionária.

Na regulação discricionária, haverá revisões periódicas de tarifa com base nos preços da firma (*cost based*), enquanto na regulação contratual os preços serão definidos através do procedimento licitatório e estarão sujeitos apenas aos mecanismos de revisão contratual: reajuste, reequilíbrio econômico-financeiro etc. (*non cost based*). Para manutenção do equilíbrio econômico-financeiro na regulação discricionária, os custos são avaliados pelas agências reguladoras, que assumem papel essencial na avaliação dos ativos que compõem o custo do serviço. Afirmam os autores:

> Como existe uma margem considerável de discricionariedade, usualmente o reequilíbrio é cercado de uma série de precauções procedimentais, a exemplo das sucessivas audiências e consultas públicas para discutir aspectos metodológicos e os cálculos propriamente ditos da revisão. Normalmente, as agências reguladoras emitem notas técnicas explicativas sobre esses aspectos, que são submetidas ao escrutínio público.[223]

Assim, haverá significativa diferença da atuação das agências reguladoras diante da escolha econômica realizada para regulação dos preços, em especial em mercados monopolizados.

Nesse sentido, Fernando Camacho e Bruno Rodrigues afirmam:

> Como existe discricionariedade no processo de revisão, ele necessita ser conduzido por uma agência com uma estrutura de pessoal fixa, bem

---

[223] PRADO, Lucas Navarro; GAMELL, Denis Austin. Regulação econômica de infraestrutura e equilíbrio econômico-financeiro: reflexo do modelo de regulação sobre o mecanismo de reequilíbrio a ser adotado. *In*: MOREIRA, Egon Bockmann (coord.) *Tratado do equilíbrio econômico-financeiro*: contratos administrativos, concessões, parcerias público-privadas, Taxa Interna de Retorno, prorrogação antecipada e relicitação. 2. ed. Belo Horizonte: Fórum, 2019. p. 255.

> remunerada e bem preparada tecnicamente. Essa é uma condição básica para que a revisão seja pautada pela imparcialidade e transparência, com uso de consultas e audiências públicas, promovendo intenso debate entre o público e o privado. Desse modo, minimiza-se o problema de captura do regulador, seja pela firma para obtenção de benefícios, seja por políticos e grupos de consumidores para expropriação de investimentos privados pelo poder público.[224]

Mas também na regulação contratual de preços haverá papel decisivo das agências reguladoras, na medida em que também nesse modelo estão presentes os conceitos de desequilíbrio e reequilíbrio econômico-financeiro, embora os preços, em situações ordinárias, só estejam sujeitos aos reajustes tarifários.

Imagine-se, por exemplo, a decisão circunstanciada do Poder Público, titular do serviço concedido, de, em uma determinada concessão, realizar a supressão de um investimento obrigatório previsto em contrato e a inclusão de novo investimento, alternativo àquele originalmente avençado.[225]

Colocados os pressupostos de política pública balizadores da decisão administrativa (decisão circunstanciada de substituição do investimento), caberá a análise de eventual desequilíbrio econômico-financeiro, uma vez ocorrido evento superveniente à contratação, com repercussão para ambas as partes.

O cálculo do desequilíbrio econômico-financeiro deverá considerar, ao menos: (i) o cálculo, via fluxo de caixa original, da retirada do investimento obrigatório (capex) da concessionária, bem como (ii) os valores eventualmente previstos para operação do respectivo ativo (opex) e, ainda, (iii) o valor do novo investimento e das obrigações a ele associadas. Imagine-se, ainda, que o contrato determinou que esse novo investimento seria realizado por fluxo de caixa marginal.

---

[224] CAMACHO; RODRIGUES. *Op. cit.*, p. 262-263.

[225] O Estado de Minas Gerais editou a Resolução Conjunta DER/SEINFRA nº 6, de 28 de junho de 2021, a qual estabelece procedimentos para inclusão de novos investimentos em contratos de concessões e PPPs em rodovias. A resolução faz referência à criada Comissão de Regulação de Transportes, no âmbito da Secretaria de Infraestrutura e Mobilidade, a qual exerceria uma função embrionária da futura Agência Reguladora de Transportes de Minas Gerais. Cabe a essa Comissão verificar a instrução do procedimento de inclusão de novos investimentos, incluindo a decisão circunstanciada do gestor público de optar por tal inclusão em detrimento da realização de procedimento licitatório específico para contratação do investimento. Além disso, é de responsabilidade da Comissão a análise do desequilíbrio econômico-financeiro decorrente da alteração contratual, bem como do cálculo do reequilíbrio, a partir do mecanismo de reequilíbrio escolhido pelo gestor, no âmbito de sua responsabilidade estatal.

Calculado o valor do desequilíbrio econômico-financeiro, deverá ser realizado o reequilíbrio econômico-financeiro, que, como já visto, poderá ser realizado de diversas formas, a depender da decisão que o titular do serviço venha a adotar. Cada uma dessas escolhas, contudo, impactará no cálculo do reequilíbrio, que se balizará por fatores como o prazo da remuneração no tempo.

Assim, caberá à agência reguladora, por exemplo, circunstanciar esses fatos e variáveis de forma a manter o valor presente líquido igual a zero ao fim das revisões ordinárias e/ou extraordinárias que oportunizem o rebalanceamento da equação econômico-financeira.

A existência ou não de uma agência reguladora não obstará, por óbvio, que todo esse procedimento seja instruído e valorado pelo Poder Público, na medida em que, como visto, as delegações de serviços públicos prescindem dessas entidades. Mas, sem dúvida, dada a especialidade técnica, a vocação à independência e o aparato burocrático colocado à disposição do procedimento, este terá melhores chance de ser bem conduzido, gerando os resultados esperados para o projeto concessório.

2.5.4 Fiscalização dos serviços concedidos e da execução do objeto contratado

Se os serviços fossem delegados a particulares, para que pudessem executá-los a partir de contratos regulatórios firmados com a administração pública, a responsabilidade final pelo cumprimento do serviço adequado remanesceria ao Poder Público titular do objeto delegado. Assim, permaneceria a Administração responsável pela fiscalização do cumprimento das regras avençadas, com vistas a garantir a satisfação dos usuários e o adimplemento do contrato.

A Lei nº 8.987/1995 traz previsão específica de que o encargo da fiscalização das concessões é do poder concedente, por meio de órgão técnico "ou por meio de entidade com ele conveniada", abrindo margem para que outras pessoas jurídicas de direito público possam exercer tal função. É o que constata Egon Bockmann Moreira:

> O texto do art. 3º da Lei nº 8.987/1995 conferiu a fiscalização ao responsável pela delegação, o que exige interpretação ampliativa dos sujeitos a quem se atribui tal dever. Isso significa dizer que a fiscalização não necessita ser integralmente adimplida só pelo titular do serviço, mas pode se dar por meio de outra pessoa de direito público. Esta divisão

> de competências pode ser detectada partindo-se da noção de que nem sempre no contrato o concedente é a aquela pessoa a quem a norma atribuiu a execução do serviço.[226]

Assim é que as agências reguladoras passam a exercer importante função fiscalizatória diante dos contratos de concessão, engajadas na satisfação plena de seus objetivos e com aparato burocrático, técnico e financeiro propício para tais finalidades.[227] Pedro Dutra já identificava, no delineamento do surgimento das agências reguladoras, sua aptidão para fiscalizar o cumprimento dos contratos concessórios e a ação dos concessionários para entrega constante de um serviço público adequado:

> Quatro fatores concretos contribuíram para definir o modelo moderno das agências reguladoras. O primeiro, a necessidade de decisões em tempo econômico, dirimindo conflito entre prestadores e entre estes e usuários. Setores como os de serviços públicos demandam altos investimentos de instalação e manutenção e a solução tardia de conflitos vulnera investimentos e compromete o devido atendimento ao consumidor. O segundo fator é a habilitação técnica da agência, que lhe permita enfrentar a complexidade inerente aos serviços regulados, inclusive exigindo dos prestadores obediência às inovações tecnológicas. O terceiro é de ordem econômica: a tensão a ser permanentemente dominada, entre a tendência ao monopólio natural, inerente a esses serviços, e o fato de eles deverem ser prestados em um regime constitucional de livre mercado. O quarto fator opera no plano jurídico: aqui a tensão se acha na conciliação do interesse público, imantado pelo conjunto dos consumidores e o interesse privado, manifestado nas empresas prestadoras dos serviços. A eficiência de uma agência reguladora será medida pelo funcionamento harmônico desses seus elementos anexos, e também pelo estrito cumprimento das regras legais que lhe disciplinam a ação. Esta se desdobra em três planos objetivos e complementares entre si; a edição de regras específicas, destinadas aos prestadores de serviço e aos consumidores, a fiscalização do

---

[226] MOREIRA. *Op. cit.*, 2022, p. 175.

[227] O Superior Tribunal de Justiça já teve oportunidade de se manifestar nos seguintes termos: "(...) 2. Nos termos do art. 19 da Lei n. 9.472/997, compete à ANATEL a obrigação de fiscalizar os serviços públicos concedidos, bem como de reprimir as infrações aos direitos dos usuários. Com efeito, não há discricionariedade para o administrador público em realizar, ou não, a fiscalização. 3. A discricionariedade, porventura existente, circunscrever-se-ia na escolha do meio pelo qual a fiscalização será exercida. Todavia, ainda assim, o administrador está vinculado à finalidade legal, de modo que o meio escolhido deve ser necessariamente o mais eficiente no desempenho da atribuição fiscalizadora". STJ, REsp. nº 764.085 PR, Min. Humberto Martins, DJ 10.12.2009.

cumprimento dessas regras, dos contratos específicos e da lei, por parte dos prestadores, e, por fim a repressão à violação das regras legais, das obrigações contratuais e das normas regulatórias pelos prestadores de serviço.[228]

As leis instituidoras das agências reguladoras setoriais já trazem, em sua maioria, a competência expressa dessas entidades para fiscalização dos serviços prestados a partir de delegações realizadas pelo Poder Público.[229] Na Lei que criou a ANTT, por exemplo, essa previsão se espraia pelas diversas modalidades de contratos regulatórios:[230]

> Art. 24. Cabe à ANTT, em sua esfera de atuação, como atribuições gerais:
>
> (...)
>
> VIII – fiscalizar a prestação dos serviços e a manutenção dos bens arrendados, cumprindo e fazendo cumprir as cláusulas e condições avençadas nas outorgas e aplicando penalidades pelo seu descumprimento;
>
> Art. 25. Cabe à ANTT, como atribuições específicas pertinentes ao Transporte Ferroviário:
>
> (...)
>
> V – fiscalizar diretamente, com o apoio de suas unidades regionais, ou por meio de convênios de cooperação, o cumprimento das cláusulas contratuais de prestação de serviços ferroviários e de manutenção e reposição dos ativos arrendados;
>
> Art. 26. Cabe à ANTT, como atribuições específicas pertinentes ao Transporte Rodoviário:
>
> (...)

---

228 DUTRA, Pedro. *A fiscalização dos serviços públicos privatizados*. São Paulo: Jornal Gazeta Mercantil, 1998. p. 3.

229 Nara Merlotto em estudo específico sobre as funções das agências reguladoras, identificou em todas as leis instituidoras quais eram os artigos responsáveis pela atribuição da função fiscalizatória (MERLOTTO, Nara Carolina. *A atuação do Tribunal de Contas da União sobre a independência e o controle*. 2018. Dissertação (Mestrado) – Faculdade de Direito, Universidade de São Paulo, 2018. p. 176).

230 Na ANTT, foi editada também a Súmula nº 8, de 8 de dezembro de 2020, que deixou clara não só a competência da agência para fiscalização dos contratos de concessão, mas também as condições materiais para o desempenho dessa função, como o acesso livre, irrestrito e direto, em tempo real, a quaisquer sistemas, dados e informações da concessão, dentro e fora do Centro de Controle Operacional, cabendo à concessionária fornecer os dados e acessos requisitados observando o conteúdo, quantidade, formato e meios de envio ou acesso a esses dados determinados pela Agência (BRASIL. Agência Nacional de Transportes e Terrestres. *Súmula nº 8, de 8 de dezembro de 2020*. Disponível em: www.in.gov.br/en/web/dou/-/sumula-n-8-de-8-de-dezembro-de-2020-293248454. Acesso em: 7 jul. 2025).

> VII – fiscalizar diretamente, com o apoio de suas unidades regionais, ou por meio de convênios de cooperação, o cumprimento das condições de outorga de autorização e das cláusulas contratuais de permissão para prestação de serviços ou de concessão para exploração da infraestrutura.

A fiscalização pelas agências guarda profunda relação com os encargos contratuais e o devido processo administrativo para aplicação de eventuais penalidades aos concessionários. Afinal, somente com as balizas contratuais poder-se-á imputar eventual inadimplemento ao particular contratado, com a aplicação das sanções previstas no contrato. O fato de haver agências reguladoras como responsáveis pela fiscalização do serviço concedido não afasta ou mitiga as garantias constitucionais do devido processo legal e do direito à ampla defesa e ao contraditório para aplicação de eventuais penalidades.

Novamente, não há como se limitar a fiscalização dos serviços concedidos apenas quando houver a instituição de agências reguladoras – mas estas, sem dúvida, poderão desempenhar de forma ainda mais eficiente, técnica e ágil. Alexandre Santos de Aragão, amparado na doutrina de Marcelo Caetano,[231] relembra algumas das formas de que o Poder Público poderá se valer para um sistema fiscalizatório das obrigações delegadas: (a) Comissários e Administradores, a partir dos quais o poder concedente designa um ou mais servidores seus para fiscalizarem o concessionário; (b) Repartições, quando a função é conferida a um órgão ou entidade técnica do poder concedente, repartição integrante de sua linha hierárquica; ou (c) Entidades (comissões ou agências) autônomas, quando a regulação do serviço é conferida a entidade colegiada cujos membros são nomeados por prazo determinado, vedada a exoneração *ad nutum*.[232]

Este último, para o autor, amparado na proposta inédita de Bilac Pinto, teria o condão de garantir a melhor fiscalização dos serviços e, consequentemente, o cumprimento dos objetivos anunciados pelo Poder Público.

---

[231] CAETANO, Marcello. *Princípios fundamentais do direito administrativo*. Coimbra: Almedina, 1996. p. 245.

[232] ARAGÃO, Alexandre Santos de. *Direito dos serviços públicos*. Rio de Janeiro: Forense, 2017. p. 447.

2.5.5 Regulamentação do serviço concedido

A regulamentação dos serviços prestados por particulares insere-se na função normativa das agências reguladoras. A temática é árida, por envolver debates doutrinários de longa data, especialmente sobre os limites e abrangência do exercício dessa função por entidades independentes.[233]

Seriam essas entidades juridicamente autorizadas a elaborar regulamentos que disciplinassem, por exemplo, serviços públicos ou atividades privadas? Embora se diferenciem, em um primeiro momento, os conceitos de regulação e regulamentação, há uma evidente aproximação desses institutos na medida em que a função regulamentar é uma das atividades exercidas pelas agências na missão regulatória. Esses conceitos, portanto, não se confundem.[234] Este é o diagnóstico de Floriano de Azevedo Marques Neto:

> A atividade de regulação estatal envolve (...) funções muito mais amplas que a função regulamentar (consistente em disciplinar uma atividade mediante a emissão de comandos normativos, de caráter geral, ainda que com abrangência meramente setorial).[235]

Os regulamentos emitidos pelas agências reguladoras não podem, aliás, inovar na ordem jurídica. São necessários para dar

---

[233] ADMINISTRATIVO. EXECUÇÃO FISCAL. AGÊNCIA NACIONAL DE TRANSPORTES TERRESTRES. ANTT. MULTA. 1. Consoante precedentes do STJ, as agências reguladoras foram criadas no intuito de regular, em sentido amplo, os serviços públicos, havendo previsão na legislação ordinária delegando à agência reguladora competência para a edição de normas e regulamentos no seu âmbito de atuação. Dessarte, não há ilegalidade configurada na espécie na aplicação da penalidade pela ANTT, que agiu no exercício do seu poder regulamentar/disciplinar, amparado na Lei 10.233/2001. 2. Com respeito ao art. 489, §1º, IV do CPC/2015, a irresignação não merece prosperar, uma vez que o Tribunal de Origem não emitiu juízo de valor sobre o dispositivo legal cuja ofensa se aduz. Incidência, por analogia, da Súmula 282/STF.3.Recurso Especial não provido (STJ. Recurso Especial nº 1.635.889-RS).

[234] A confusão entre os conceitos é explicada por Vital Moreira e Fernanda Maçãs: "Alguns autores, sob a influência do Direito norte-americano, tendem a identificar autoridades de regulação com autoridades detentoras de poderes regulamentares, com vistas a garantir a ordenação de um dado setor da atividade social. Tal modo de ver as coisas não corresponde ou não traduz a realidade, na medida em que a regulação não se identifica com a regulamentação. A regulamentação, ou seja, o estabelecimento de regras de conduta para os regulados, é somente uma das vertentes da regulação, latu sensu, que também abrange a implementação das regras, a sua supervisão e o sancionamento das infracções às mesmas" (MOREIRA, Vital; MAÇÃS, Fernanda. *Autoridades Reguladoras Independentes*. Coimbra: Coimbra Editora, 1997. p. 16).

[235] MARQUES NETO. *Op. cit.*, 2005b, p. 37.

contornos concretos àquilo que a própria lei atribuiu a essas entidades e submetem-se ao quadrante geral legal ao qual precisam se conformar. Nesse sentido:

> Além disso, os regulamentos não podem simplesmente criar de forma autônoma obrigações e deveres aos agentes privados. É necessário que haja fundamento legal, que haja prévia e expressa autorização em lei. Ou seja, a lei fornece um *standard*, e a partir daí autoriza a autoridade administrativa a expedir atos com caráter normativo que, inclusive, gerem direitos, deveres e obrigações aos administrados.[236]

O objetivo de que tais regulamentos sejam expedidos pelas agências reguladoras não é outro, assim, senão se valer da tecnicidade e especialidade próprias a esses entes para expedição de normas setoriais, reguladoras da conduta de mercado e da prestação dos serviços delegados. É o que defende Alexandre Santos de Aragão:

> As leis atributivas de poder normativo às entidades reguladoras independentes possuem baixa densidade normativa, a fim de propiciar o desenvolvimento de normas setoriais aptas a, com autonomia e agilidade, regular a complexa e dinâmica realidade social subjacente.[237]

Não é o objetivo do presente tópico discutir a constitucionalidade do poder normativo das agências reguladoras nem ao menos sua conformação ao princípio da legalidade – antes, o que se quer afirmar é que as agências reguladoras exercem fundamental função em adicionar balizas concretas à prestação dos serviços delegados, instituindo deveres, direitos e procedimentos que devem ser observados no caso concreto. Floriano de Azevedo Marques Neto resume com precisão tal importância:

> A atividade regulamentar da Administração Pública desempenha importante componente na disciplina jurídica das concessões. Como visto no escorço histórico, ao lado dos contratos, os regulamentos foram imprescindíveis ao desenvolvimento histórico do instituto, e diversos

---

[236] MOREIRA, Egon Bockmann; CAGGIANO, Heloísa Conrado. O poder normativo das agências reguladoras na jurisprudência do STF – Mutação constitucional do princípio da legalidade? *Revista de Direito Público da Economia – RDPE*, Belo Horizonte, ano 11, n. 43, jul./set. 2013. p. 8.

[237] ARAGÃO, Alexandre Santos de. O Poder Normativo da Agência Nacional de Petróleo (ANP). *Boletim de Direito Administrativo (BDA)*, São Paulo, n. 8, p. 612, 2011.

marcos regulatórios foram revestidos do formato regulamentar. Hoje, notadamente após a reforma do Estado, com a criação das agências reguladoras, os atos normativos editados pela administração integram sobremaneira o arcabouço regulatório das concessões e definem pontos sensíveis de sua dinâmica operacional.[238]

Sem dúvida, contudo, a expedição de regulamentos pelas agências reguladoras deverá observar procedimento próprio, ponderado e permeado pela participação popular e pela legitimidade democrática que conferirá lastro à sua integração na ordem jurídica. Não por outro motivo, a Lei nº 13.848/2019, que instituiu norma geral sobre as agências reguladoras, previu a necessidade de as agências disporem de agenda regulatória, definida como "instrumento de planejamento da atividade normativa que conterá o conjunto dos temas prioritários a serem regulamentados pela agência durante sua vigência", nos termos do art. 21 da lei.

Somam-se à agenda regulatória instrumentos como as consultas e audiências públicas, mecanismos de participação social para a edição de novos normativos, os quais deverão considerar as contribuições realizadas pela sociedade civil, agentes regulados, entidades setoriais, entre outros.

Nos serviços concedidos, os regulamentos se somarão ao conjunto de regras que parametrizam a atividade privada, submetidos, como visto, à legislação geral e setorial e aos termos contratuais que enlaçam o projeto concessório.

Como regramento externo às normas contratualizadas, o regulamento se maleabiliza às mutações próprias dos serviços, à atualidade das condições e aos parâmetros da prestação, resguardado, em todos os casos, o equilíbrio econômico-financeiro dos contratos.

---

238 MARQUES NETO. *Op. cit.*, 2015, p. 145.

A INDEPENDÊNCIA DAS AGÊNCIAS REGULADORAS: AS AGÊNCIAS REGULADORAS DEVERIAM SER PODER CONCEDENTE?

Para se analisar se as agências reguladoras deveriam assumir o papel de poder concedente nos contratos de concessão, sob a ótica da independência que marcou a criação dessas entidades, é necessário, antes, percorrer conceitos que por vezes se confundem e analisar o relacionamento público-público na concepção e gestão de projetos de longo prazo.

3.1 Quem pode ser poder concedente nos contratos de concessão?

A compreensão do papel de poder concedente[239] em um contrato de concessão não encontra interpretação única. Reduzir o tema à simplificação desconsideraria a complexidade de relações jurídicas passíveis de serem estabelecidas em um contrato relacional.

Com frequência, a resposta à pergunta de quem pode ser poder concedente nos contratos de concessão remete ao art. 2º, I, da Lei

[239] Frise-se a ressalva realizada por Egon Bockmann Moreira quanto à utilização do termo "poder concedente": "Hoje, o uso do 'poder' para denominar as pessoas administrativas é démodé, se não equivocado. Por isso este livro abdicará da palavra 'poder' para designar a competência atribuída ao órgão ou entidade concedente do serviço público" (MOREIRA. *Op. cit.*, 2022, p. 66).

nº 8.987/1995, que indica "a União, o Estado, o Distrito Federal ou o Município, em cuja competência se encontre o serviço público" como titulares da competência. Contudo, é preciso reconhecer as limitações de uma interpretação literal do artigo. À primeira vista, poder-se-ia cogitar que apenas os entes políticos assumiriam tal função em sua totalidade.

Egon Bockmann Moreira, em análise do que resultaria a competência de "concedente" conferida pela Lei, identifica uma dupla acepção do termo, que demanda persecuções críticas distintas, a saber: (i) a pessoa política a quem foi atribuída a titularidade de determinado serviço público; e (ii) a(s) pessoa(s) de direito público que ocupa(m) o polo ativo do contrato de concessão. A primeira conotação, para o autor, poderia ser melhor definida como "a(s) unidade(s) administrativa(s) que concentra(m) a competência e as atribuições relativas à escolha pública do modelo concessionário e à outorga do serviço público e/ou da obra a ser concedida".

Já a segunda deveria ser lida como "aquela(s) unidade(s) administrativa(s) pública(s) que ocupa(m) o polo ativo do contrato de concessão". Trata-se, por certo, de distinções fundamentais para a compreensão da análise que ora se realiza, na medida em que a mera presença de entidade reguladora como contratante (polo ativo) nos contratos de concessão não lhe dá a competência para definição das políticas setoriais e das decisões governamentais que serão levadas a cabo através dos contratos de concessão.

Ademais, se tal atribuição é conferida às pessoas políticas, estas poderão se organizar administrativamente de forma a transferir certas competências a outras entidades. Por certo, são diversas as obrigações legais daquilo que se define sob a áurea de "poder concedente" no contrato de concessão. Fernando Vernalha Guimarães, por exemplo, define a posição jurídica do concedente como uma reunião dos poderes de: (a) legislar sobre o serviço público, inclusive autorizando legislativamente a outorga e, também, providências inerentes à concessão e dependentes de autorização legislativa; (b) regulamentação do serviço público; (c) exercer a sua efetiva prestação; (d) planejar e fiscalizar a delegação, interna e externamente à delegação; e (e) conceder e exercer todas as competências imperativas que detém sobre a relação de concessão.[240]

É, aliás, o próprio art. 29 da Lei nº 8.987/1995 que, na concessão comum, estabelece os encargos do poder concedente, envolvendo

240 GUIMARÃES. *Op. cit.*, p. 149.

diversas funções que se enredam em torno do projeto concessório.[241] O rol é amplo:

> Art. 29. Incumbe ao poder concedente:
>
> I – regulamentar o serviço concedido e fiscalizar permanentemente a sua prestação;
>
> II – aplicar as penalidades regulamentares e contratuais;
>
> III – intervir na prestação do serviço, nos casos e condições previstos em lei;
>
> IV – extinguir a concessão, nos casos previstos nesta Lei e na forma prevista no contrato;
>
> V – homologar reajustes e proceder à revisão das tarifas na forma desta Lei, das normas pertinentes e do contrato;
>
> VI – cumprir e fazer cumprir as disposições regulamentares do serviço e as cláusulas contratuais da concessão;
>
> VII – zelar pela boa qualidade do serviço, receber, apurar e solucionar queixas e reclamações dos usuários, que serão cientificados, em até trinta dias, das providências tomadas;
>
> VIII – declarar de utilidade pública os bens necessários à execução do serviço ou obra pública, promovendo as desapropriações, diretamente ou mediante outorga de poderes à concessionária, caso em que será desta a responsabilidade pelas indenizações cabíveis;
>
> IX – declarar de necessidade ou utilidade pública, para fins de instituição de servidão administrativa, os bens necessários à execução de serviço ou obra pública, promovendo-a diretamente ou mediante outorga de poderes à concessionária, caso em que será desta a responsabilidade pelas indenizações cabíveis;
>
> X – estimular o aumento da qualidade, produtividade, preservação do meio ambiente e conservação;
>
> XI – incentivar a competitividade; e
>
> XII – estimular a formação de associações de usuários para defesa de interesses relativos ao serviço.

Nesses casos, vê-se que há uma multiplicidade de funções que são exercidas pela figura jurídica que a lei classifica como "poder concedente".[242] Caberá, portanto, a cada ente político, titular do serviço

---

241 Vale relembrar que tal disposição também é aplicável às parcerias público-privadas, na medida em que o art. 3º da Lei nº 11.079/2004 dispõe que os arts. 21, 23, 25 e 27 a 39 da Lei nº 8.987/1995 se aplicam às concessões administrativas, e a totalidade da Lei nº 8.987/1995, às concessões patrocinadas.

242 Maurício Portugal Ribeiro e Lucas Navarro assim discorrem sobre o tema: "Pensamos que a figura do poder concedente implica diversas competências distintas, por exemplo as de

a ser delegado, estabelecer em sua organização administrativa o feixe de competências que cada ente deverá desempenhar.

Lucas Navarro Prado defende, indo além, que o teor do citado art. 2º, I, da Lei nº 8.987/1995 é norma geral, passível de ser excepcionada pela legislação específica que tratar de determinada concessão ou titularidade de serviço delegável. Defende o autor:

> Como é cediço, a Lei Federal nº 8.987/95 é uma lei geral e pode, portanto, ser excepcionada pela legislação específica. Assim, não há em princípio nenhuma invalidade no fato de as leis setoriais atribuírem a pessoas distintas a União, Estado, Distrito Federal ou municípios competências inerentes à figura do poder concedente.[243]

Sendo o Poder Público o responsável pela distribuição de suas competências através de sua organização administrativa, caberá às leis definidoras de cada um dos entes explicitar quais funções devem ser assumidas por cada órgão ou entidade. É dizer, portanto, que o feixe de atribuições trazido pelo art. 29 não encerra obrigação una, indivisível, mas, antes, pode se espraiar no arranjo administrativo realizado.

Daí a lembrança de Egon Bockmann Moreira da doutrina de Caio Tácito, para quem:

> A primeira condição de legalidade é a competência do agente. Não há, em direito administrativo, competência geral ou universal: a lei preceitua, em relação a cada função pública, a forma e o momento do exercício das atribuições do cargo. Não é competente quem quer, mas quem pode, segundo a norma de Direito. A competência é, sempre, um elemento vinculado, objetivamente fixado pelo legislador.[244]

E é também por isso que o autor conclui ser o art. 2º, I, da Lei nº 8.987/1995 insuficiente para definir quem pode delegar o que a quem,

---

(i) prestar o serviço diretamente ou decidir pela delegação; (ii) fiscalizar a prestação do serviço; (iii) regular e, inclusive, definir a tarifa; (iv) planejar o serviço (planos de outorga ou planejamento para prestação direta); (v) promover a licitação para contratação do prestador do serviço; (vi) contratar o prestador do serviço, etc.". Não se pode escolher uma determinada pessoa como "poder concedente" apenas com base em uma dessas competências (RIBEIRO, Maurício Portugal; PRADO, Lucas Navarro. *Comentários à Lei de PPP – Parceria Público Privada*. São Paulo: Malheiros, 2007. p. 60).

243 PRADO, Lucas Navarro. Empresa estatal e fundações podem ser concedentes de serviços públicos em PPP. *In*: GUIMARÃES. *Op. cit.*, p. 149.

244 TÁCITO, Caio. *Direito Administrativo*. São Paulo: Saraiva, 1975. p. 26.

na medida em que a norma específica, na organização de cada ente, será a responsável por realizar tais atribuições.

Assim, também sem haver uma resposta para a pergunta realizada, é fundamental reconhecer que em diversas experiências dos entes federados houve a escolha político-administrativa de se eleger entes da administração pública como poder concedente nos contratos de concessão – seja para figurar no polo ativo de tais contratos, seja para exercer as funções que a legislação atribui a essa figura.

3.1.1 Autarquias e fundações

Autarquias são pessoas jurídicas de direito público, criadas por lei com autonomia administrativa e financeira. Esta é quase literalidade do que dispõe o Decreto-lei nº 200/1967.[245] São, assim, figuras decorrentes da descentralização das atividades administrativas, com vistas a facilitar ou contribuir para o cumprimento dos objetivos públicos.

Assim sendo, na outorga das atividades a serem realizadas pelas autarquias, portanto, poderá ser destinada a titularidade de determinado serviço, passível de futura concessão à empresa privada. Não há qualquer ilegalidade no modelo, que apenas se insere na decisão política de organização das funções administrativas.

Para Fernando Vernalha Guimarães, "as autarquias podem, então, prestar e organizar o serviço público em nome próprio, o que supõe a sua titularidade outorgada por lei".[246] Assim é que apenas nas leis criadoras das autarquias, que restariam endereçadas às suas próprias atribuições. Ainda segundo o autor:

> Como pessoas de direito público capazes de titularizar certos interesses públicos, podem receber outorga legislativa para a administração e exploração de serviço público. Podem estar compreendidos nesse plexo de competências poderes tutelares de fiscalização, programação, realização de outorga e celebração de contratos de concessão, inclusive. Poderão as autarquias, enfim, figurar como poder concedente em contratos de concessão.[247]

---

[245] "Art. 5º Para os fins desta lei, considera-se: I – Autarquia – o serviço autônomo, criado por lei, com personalidade jurídica, patrimônio e receita próprios, para executar atividades típicas da Administração Pública, que requeiram, para seu melhor funcionamento, gestão administrativa e financeira descentralizada."

[246] GUIMARÃES. *Op. cit.*, p. 156.

[247] *Ibidem*, p. 155.

Nos primeiros contratos de concessão de rodovias federais, antes mesmo da existência da ANTT, a União era representada pelo Departamento Nacional de Estradas de Rodagens (DNER), que atribuía à autarquia vinculada ao então Ministério dos Transportes todas as competências previstas no art. 29 da Lei nº 8.987/1995 como próprias do "poder concedente".[248]

Tal possibilidade, aliás, também veio assinalada no parágrafo único do art. 1º da Lei nº 11.079/2004, que expressamente consigna as autarquias como objeto de aplicação da lei que instituiu as modalidades de concessão patrocinada e administrativa para delegação de serviços titularizados pelo Estado.

O mesmo se passa, aliás, com as fundações. Estas são, também pelo Decreto-Lei nº 200/1967, "entidade dotada de personalidade jurídica de direito privado, sem fins lucrativos, criada em virtude de autorização legislativa",[249] decorrentes da descentralização das atividades administrativas. Estão, também, albergadas no parágrafo único do art. 1º da Lei nº 11.079/2004.

3.1.2 Agências reguladoras

As agências reguladoras passaram a assumir a posição de poder concedente em contratos de concessão a partir de suas leis criadoras. Não se está, com isso, dizendo que toda e qualquer agência reguladora assumirá tal posição em contratos e concessão, mas há, por certo, um movimento comum – especialmente na esfera federal – de essas entidades exercerem esse papel.[250]

---

[248] "(...) era usual a transferência de inúmeras e amplas competências pertinentes à concessão para autarquias. Assim, o DNER era qualificado como "poder concedente" em conjunto com o Ministério dos Transportes, no tocante à exploração de rodovias federais. Mas a inequívoca comunhão de interesses entre a Administração direta e as suas autarquias conduzia à ausência de percepção da dissociação de competências" (JUSTEN FILHO. *Op. cit.*, 2003, p. 294).

[249] Não cabe ao objetivo deste trabalho, mas não há unanimidade na definição das fundações, especialmente em relação à sua natureza jurídica, se de direito público ou privado. Nesse sentido, ver: DI PIETRO. *Op. cit.*, 2007, p. 409.

[250] Conforme Alexandre Santos Aragão: "As relações das agências reguladoras com os serviços públicos podem ser diferenciadas de acordo com o que dispuserem as respectivas leis instituidoras: há agências reguladoras com competência de poder concedente (ex.: ANATEL e ANAC), que elaboram os editais de licitação, assinam os contratos de concessão, etc., e as que não possuem prerrogativas a ele inerentes, sendo a maioria das suas funções de índole apenas fiscalizatória (ex.: ANEEL e AGERGS)" (ARAGÃO. *Op. cit.*, 2017, p. 447).

Maria Sylvia Zanella Di Pietro destaca a dupla função das agências reguladoras nesse caso, ao cumularem a regulação do contrato e do serviço público e a figura de poder concedente, com o rol de obrigações dali decorrentes:

> De um lado, elas assumem os poderes e encargos do poder concedente nos contratos de concessão, como os de fazer licitação, contratar, fiscalizar, punir, alterar, rescindir, encampar, etc.;
>
> De outro lado, as agências exercem a atividade chamada de regulação propriamente dita, que, conforme se verá, é entendida em sentido mais amplo, de modo a abranger a competência para estabelecer regras de conduta, para fiscalizar, reprimir, punir, resolver conflitos, não só no âmbito da própria concessão, mas também nas relações com outras prestadoras de serviço.
>
> A primeira função assinada está praticamente abrangida pela segunda. No entanto, é feita a distinção para bem realçar o papel tradicional desempenhado em nome do poder concedente, como parte no contrato de concessão (...)[251]

Como visto anteriormente, as agências reguladoras foram instituídas por leis esparsas, sem um regime jurídico geral, com competências específicas a partir de seus diplomas criadores. A ANTT, instituída por meio da Lei nº 10.233/2001, deteve a competência de "reunir, sob sua administração, os instrumentos de outorga para exploração de infraestrutura e prestação de serviços de transporte terrestre já celebrados antes da vigência desta Lei, resguardando os direitos das partes e o equilíbrio econômico-financeiro dos respectivos contratos". É dizer: tendo os primeiros contratos de concessão federais na área de transportes sido firmados anteriormente a 2001, passaria a Agência a ter a atribuição de administrar as relações público-privadas firmadas para delegação de serviços de titularidade da União, mais especificamente pelo Ministério dos Transportes.

Na análise da segunda etapa do Programa de Concessão de Rodovias Federais, o Tribunal de Contas da União se debruçou sobre a divisão das competências entre o Ministério e a ANTT, a partir de parecer editado pela Consultoria Jurídica do Ministério dos Transportes em resposta a questionamento formulado pela Diretoria do Departamento de Outorgas.[252]

---

251 DI PIETRO. *Op. cit.*, 2017, p. 226.

252 Maurício Portugal Ribeiro e Lucas Navarro Prado assim resumem a discussão travada no TCU: "O Ministério dos Transportes, por exemplo, por meio de sua Consultoria

Em suma, a Consultoria Jurídica entendeu que "a União, por intermédio do Ministério dos Transportes, é que deveria atuar como poder concedente e que a faculdade de celebração de contratos de outorga atribuída pela ANTT, por meio da Lei nº 10.233/2001, constituir-se-ia em mera liberdade do legislador". Cotejando as competências atribuídas pela lei criadora da agência com a que dispunha sobre a organização da Presidência da República e do Ministério dos Transportes (Lei nº 10.683/2003), a Consultoria assim concluiu:

> De toda evidência, portanto, que no caso de outorga de concessões rodoviárias, nos termos dos dispositivos supramencionados, a União, por intermédio do Ministério dos Transportes, é o titular do direito de explorar, diretamente ou mediante concessão, sempre através de licitação, os referidos serviços públicos. Ao Ministério compete, assim, outorgar ou não a terceiros o direito de explorar e prestar esses serviços ou de exercer atividade econômica mediante concessão ou permissão. A Lei nº10.233/2001 não confere à ANTT atribuições de Poder Concedente nem tampouco impede a União de promover os processos licitatórios, incluindo a nomeação de Comissão Especial de Licitação, elaboração de editais e minutas de contratos, para concessão de novos trechos rodoviários à iniciativa privada.[253]

Em discordância da conclusão obtida pelo Ministério, contudo, a unidade técnica do TCU defendeu que, tendo como base as atribuições específicas da Lei criadora, a ANTT detinha competência para figurar como poder concedente, não havendo ilegalidade na medida. O trecho a seguir resume o posicionamento do TCU:

> 33. Portanto, diante do extenso rol de atribuições conferidas pela Lei nº 10.233/2001 à ANTT, envolvendo a elaboração do plano de outorgas, o disciplinamento das licitações, da elaboração dos editais de licitação, publicação dos editais, julgamento da licitação, edição dos atos de outorga e assinatura dos contratos de concessão, não restam dúvidas

---

Jurídica (Parecer CGAS/CONJUR/MT-139/2005), manifestou-se no sentido de que a União permanece como poder concedente, apesar de a Lei federal 10.233/2001, em seus arts. 25, III e 26, IV, ter atribuído à Agência Nacional de Transportes Terrestres – ANTT diversas competências, inclusive a de celebrar contratos de concessão. O TCU – Tribunal de Contas da União – ao analisar os estudos relativos ao 2º Lote de Concessões Rodoviárias Federais (Acórdão nº 2.299/2005, Plenário), no entanto, afirmou que a ANTT é legalmente competente para desenvolver os estudos de viabilidade, conduzir os procedimentos licitatórios para outorga de concessões de rodovias federais e firmar, em nome da União, os correspondentes contratos de concessão)" (RIBEIRO; PRADO. *Op. cit.*, p. 59).

[253] Tribunal de Contas da União, Acórdão nº 2.299/2005, Plenário.

> quanto à competência legal da ANTT para, em nome da União, atuar como poder concedente. Nesse contexto, a ela cabe elaborar os estudos de viabilidade e conduzir os processos licitatórios em andamento e futuros.
>
> (...)
>
> 35. A atuação do Ministério dos Transportes, entretanto, não perde relevância haja vista a atribuição precípua de aprovar os planos de outorga elaborados pela ANTT, e no caso dos processos de desestatização que se analisa, atuar como Gestor, como determinado pelo art. 3º do Decreto nº 2.444/1997 (fls. 251/252).

Nesse caso, contudo, a análise empreendida pela corte de contas não se debruçou sobre a competência da ANTT sob a ótica de adequação/melhores práticas, de forma a pormenorizar se a norma legal que, de fato, lhe confere tal atribuição está em sintonia com o surgimento, vocação e atuação dos entes reguladores. Empreendeu-se, ao contrário, uma análise formal de competências legais, divisando os papéis do Ministério/Agência no processo de desestatização.

Maurício Portugal Ribeiro e Lucas Navarro Prado, atentos à questão, pontuam que, de fato, mesmo após anos de criação das agências reguladoras não houve qualquer pronunciamento de inconstitucionalidade ou ilegalidade sobre as agências exercerem o papel de poder concedente, mesmo diante daquilo que dispôs o art. 2, I, da Lei nº 8.987/1995. Para os autores:

> Já se vão alguns anos desde a criação das primeiras Agências Reguladoras, sem que o STF tenha determinado a inconstitucionalidade dos dispositivos que lhes atribuem esses poderes. Ora, diante disso, apesar de eventual inconformismo com relação aos poderes das Agências, é preciso reconhecer que a legislação ordinária tem sido o instrumento norteador para se saber quais órgãos ou pessoas competentes para exercer os poderes típicos de poder concedente.[254]

Assim é que, como regra, apenas as leis instituidoras dos entes administrativos poderão apresentar o feixe de suas competências, inclusive daquelas que se enquadram nas atribuições do poder concedente. Não há, portanto, unicidade quanto ao regime jurídico que se estabelecerá na relação entre Administração Direta, Agência Reguladora

[254] RIBEIRO; PRADO. *Op. cit.*, p. 62.

e Concessionária, na medida em que apenas na individualidade das normas criadoras é que se desenhará uma possível divisão de funções.

Marcos Juruena Villela Souto, por exemplo, encontra distinções entre as agências reguladoras federais e estaduais ao diagnosticar que:

> Enquanto no plano federal as agências de energia. petróleo e telecomunicações exercem funções de poder concedente, estabelecendo as condições em que se dará a transferência para a iniciativa privada, no âmbito dos estados, as agências só atuam numa etapa posterior, regulando, fiscalizando, mediando, arbitrando os conflitos, dentro das respectivas áreas de atuação (observada, pois, a partilha constitucional de competências entre União, Estados, Municípios e Distrito Federal, bem como relativamente ao serviço ou setor regulado).[255]

Para o autor, as agências estaduais, em sua maioria, não têm o poder concedente, mas "nascem com a finalidade de, a partir de um contrato de concessão (com os condicionamentos nele previstos), exercer o poder regulatório e fiscalizador, funcionando como instância administrativa definitiva". A Agência, nesse caso, "não formula políticas nem cria exigências que não sejam tradução das obrigações qualitativas e quantitativas definidas na lei e no contrato".[256]

Em estudo específico sobre as agências reguladoras estaduais, Eduardo Jordão, Lucas Thevenard e Bernardo Schwaitzer analisaram se as entidades acumulavam as funções regulatórias com a condição de poder concedente. No trabalho elaborado, os autores estabeleceram um critério de pontuação das agências, analisadas a partir de um modelo teórico (ideal) adotado. Neste aspecto específico se considerou que:

> o modelo teórico adotado privilegia a separação entre a condição de Poder Concedente e de órgão regulador, na medida em que o acúmulo das duas funções pode comprometer a atuação técnica e neutra da entidade reguladora. [257]

---

[255] SOUTO. *Op. cit.*, 1999, p. 136.

[256] *Ibidem*, p. 155.

[257] JORDÃO, Eduardo; THEVENARD, Lucas; SCHWAITZER, Bernardo (coord.) *Agências Reguladoras Estaduais*: Pesquisa Empírica sobre Maturidade Institucional. Salvador: JusPodivm, 2025.

A seguir, podem ser relacionadas da seguinte forma:

(continua)

Exercem papel de poder concedente	Não exercem papel de poder concedente
AGERBA – Agência Estadual de Regulação de Serviços Públicos de Energia, Transportes e Comunicações da Bahia[258]	ADASA – Agência Reguladora de Águas, Energia e Saneamento Básico do Distrito Federal
AGR – Agência Goiana de Regulação, Controle e Fiscalização de Serviços Públicos	AGEAC – Agência Reguladora dos Serviços Públicos do Estado do Acre
ARSESP – Agência Reguladora de Serviços Públicos do Estado de São Paulo[259]	AGEMS – Agência Estadual de Regulação de Serviços Públicos de Mato Grosso do Sul
ARSP – Agência de Regulação de Serviços Públicos do Espírito Santo	AGENERSA – Agência Reguladora de Energia e Saneamento Básico do Estado do Rio de Janeiro
	AGEPAR – Agência Reguladora de Serviços Públicos Delegados do Paraná
	AGER – Agência Estadual de Regulação dos Serviços Públicos Delegados do Estado do Mato Grosso
	AGERGS – Agência Estadual de Regulação dos Serviços Delegados do Rio Grande do Sul

[258] Conforme os autores no estudo: "A AGERBA possui, de acordo com o art. 1º da Lei nº 9.835/2005, a prerrogativa de atuar como Poder Concedente. Isso significa que a agência é dotada de poder para celebrar contratos de concessão. Essa característica pode levantar questões sobre a imparcialidade da agência em sua atuação reguladora, uma vez que ela é tanto responsável por conceder os erviços quanto por regulá-los".

[259] A Lei Complementar nº 1.1413/2024 dispôs sobre o regime jurídico das agências reguladoras estaduais, alterando atribuições e funções da Agência Reguladora de Serviços Públicos Delegados de Transporte do Estado de São Paulo (ARTESP), da Agência Reguladora de Serviços Públicos do Estado de São Paulo (ARSESP) e criando a Agência de Águas do Estado de São Paulo – SP – Águas, dispondo que: "Artigo 11 – Compete às agências reguladoras, sem prejuízo de suas atribuições específicas e das prerrogativas das autoridades estaduais e de outros entes federativos: V – gerenciar e participar, na condição de interveniente-anuente, da execução dos contratos de concessão dos serviços regulados; e, ainda, IV – promover a estabilidade nas relações entre poder concedente, prestadores dos serviços regulados e usuários;". Há, assim, um evidente redesenho das funções que essas entidades passaram a ocupar, aproximando-se, portanto, mais ao modelo teórico proposto no estudo.

(continua)

Exercem papel de poder concedente	Não exercem papel de poder concedente
	AGERO – Agência de Regulação de Serviços Públicos Delegados de Rondônia
	AGERSA – Agência Reguladora de Saneamento Básico do Estado da Bahia
	AGETRANSP – Agência Reguladora de Serviços Concedidos de Transporte Aquaviários, Ferroviários, Metroviários e de Rodovias do Estado do Rio de Janeiro
	AGRESE – Agência Reguladora de Serviços Públicos do Estado de Sergipe
	AGRESPI – Agência Reguladora dos Serviços Públicos Delegados do Estado do Piauí
	ARCE – Agência Reguladora de Serviços Públicos Delegados do Estado do Ceará
	ARCON – Agência de Regulação e Controle de Serviços Públicos do Estado do Pará
	ARESC – Agência Regulação de Serviços Públicos de Santa Catarina
	ARPB – Agência Regulação do Estado da Paraíba
	ARPE – Agência de Regulação de Pernambuco
	ARSAE – Agência Reguladora de Serviços de Abastecimento de Água e Esgotamento Sanitário do Estado de Minas Gerais
	ARSAL – Agência Reguladora de Serviços Públicos do Estado de Alagoas
	ARSAP – Agência Reguladora de Serviços Públicos Delegados do Estado do Amapá
	ARSEP – Agência Reguladora de Serviços Públicos do Rio Grande do Norte

(conclusão)

Exercem papel de poder concedente	Não exercem papel de poder concedente
	ARSEPAM – Agência Reguladora de Serviços Públicos Delegados e Contratados do Estado do Amazonas
	ARTESP – Agência de Transporte do Estado de São Paulo
	ATR – Agência Tocantinense de Regulação, Controle e Fiscalização
	MOB – Agência Estadual de Mobilidade Urbana e Serviços Público

O diagnóstico, no entanto, de que as agências federais e estaduais seriam distintas em sua competência de assumir ou não a posição de poder concedente não é tão simples. Há exemplos completamente distintos mesmo entre agências de uma mesma competência federativa.

Na mesma lei em que se criou a ANTT, também foi criada a Agência Nacional de Transportes Aquaviários (ANTAQ). A Lei nº 10.233/ 2001 atribui à ANTAQ as competências de "publicar os editais, julgar as licitações e celebrar os contratos de concessão para exploração dos portos organizados em obediência ao disposto na Lei no 8.630, de 25 de fevereiro de 1993" (art. 27, XV). Na prática, a ANTAQ assumia funções de poder concedente nos contratos de concessão, situação que restou alterada pelo novo marco do setor portuário, vigente a partir da Lei nº 12.815/2013.

A nova lei trouxe especificamente competências do poder concedente, assim definidas como as de: (i) elaborar o planejamento setorial em conformidade com as políticas e diretrizes de logística integrada; (ii) definir as diretrizes para a realização dos procedimentos licitatórios, das chamadas públicas e dos processos seletivos de que trata essa lei, inclusive para os respectivos editais e instrumentos convocatórios; (iii) celebrar os contratos de concessão e arrendamento e expedir as autorizações de instalação portuária, devendo a ANTAQ fiscalizá-los em conformidade com o disposto na Lei nº 10.233/2001; e (iv) estabelecer as normas, os critérios e os procedimentos para a pré-qualificação dos operadores portuários, todos previstos no art. 16 do diploma.

E, assim, coube ao Decreto nº 8.033/2013, regulamentador da nova lei, prever que "o poder concedente será exercido pela União por intermédio do Ministério dos Transportes, Portos e Aviação Civil, ouvidas as respectivas Secretarias" (art. 1º, parágrafo único).

Houve, assim, ao menos para o setor portuário, a divisão de competências específicas entre o poder concedente – representado pela Secretaria de Portos – e de regulação – essas, sim, iminentemente próprias da ANTAQ. Sobre a alteração realizada, Sérgio Guerra e Rafael Véras de Freitas comentam sob o viés da neutralidade buscada pelas agências reguladoras:

> Trata-se de alteração salutar, uma vez que a entidade reguladora se encontra em manifesto conflito de interesses, quando exerce, de forma concomitante, as funções de Poder Concedente e de agente fiscalizador dessas atividades, no exercício de polícia administrativa. Dito de outro modo, a neutralidade exigida da entidade regulatória, a fim de compor os interesses envolvidos no setor regulado (do Poder Concedente, do concessionário e dos usuários da infraestrutura portuária) se apresenta comprometida, quando esta assume a condição de representante do "Governo", na qualidade de entidade contratante, e não dos interesses do "Estado".[260]

E, diante do exemplo da ANTAQ, arrematam os autores:

> Nas hipóteses em que a Agências Reguladora exerce a função de Poder Concedente, a sua vontade técnica acaba sendo substituída pela vontade política do governo central. Isto é, tem-se, nesse particular, um institucional by-pass, ou, numa tradução aproximada, um contorno institucional para que a vontade política prevaleça sobre a vontade técnica exercida pelas agências reguladoras.[261]

No plano estadual, também é possível diagnosticar movimentos semelhantes. A Lei Estadual Complementar nº 914/2002 criou a Agência Reguladora de Serviços Públicos Delegados de Transporte do Estado de São Paulo (ARTESP), conferindo-lhe competências para celebração e gerenciamento dos contratos de concessão de transporte. E assim foi durante grande parte do programa paulista de concessões e parcerias público-privadas, quando, em 2020, foi editada a Lei nº 17.293, que suprimiu das competências da ARTESP a celebração dos contratos de concessão.

---

260 GUERRA, Sérgio; FREITAS, Rafael Véras de. O modelo institucional do setor portuário: os institutos da análise do impacto regulatório (AIR) e da conferência de serviços como mecanismos de equalização do controle político sobre as agências reguladoras. *Revista de Direito da Procuradoria Geral*, Rio de Janeiro, p. 421-422, 2014.

261 *Ibidem*.

No mesmo diploma, consignou-se a autorização ao Poder Executivo para delegar "à Agência Reguladora de Serviços Públicos Delegados de Transporte do Estado de São Paulo – ARTESP, criada pela Lei Complementar nº 914, de 14 de janeiro de 2002, as funções de regulação e fiscalização de todas as modalidades de serviços públicos de transporte autorizados, permitidos ou concedidos a entidades de direito privado, inclusive aqueles submetidos à esfera institucional da Secretaria de Estado dos Transportes Metropolitanos".

Em parecer que analisou o Decreto que regulamentou a nova legislação, a Procuradoria Jurídica do Estado de São Paulo reconhece que a supressão da competência de "celebração dos ajustes", notadamente dos contratos de concessão, significaria a alteração da posição de poder concedente nos serviços delegados:

> Tal circunstância opera, assim, a necessidade de rearranjo das atribuições tangentes aos contratos de prestação de serviços públicos de transporte, em especial para a definição da entidade estatal responsável pela representação do Estado de São Paulo em tais ajustes, notadamente na posição de "contratante" e Poder Concedente, sob pena de inviabilizar-se a prestação dos serviços públicos correspondentes.
>
> (...)
>
> 14. Sob esta perspectiva, e visando a promover o rearranjo administrativo-organizacional demandado pela Lei estadual nº 17.293/2020, a minuta de Decreto estadual ora examinada pretende exatamente afirmar a competência do Exmo. Secretário de Logística e Transportes para representar o Estado de São Paulo, na condição de concedente dos serviços públicos de transporte rodoviário, hidroviário, aeroviário e de transporte coletivo intermunicipal não metropolitano de passageiros de titularidade estadual.
>
> 15. Nessa esteira, o édito estadual ora proposto reconheceria a atribuição do Titular desta Pasta para, com relação aos supracitados serviços públicos, representar os atos reservados ao Estado de São Paulo na condição de Poder Concedente, celebrar contratos de concessão e permissão, incluindo aditivos aos ajustes em vigor, bem como formalizar acordos administrativos e firmar compromissos visando à recomposição do econômico-financeiro destas avenças.[262]

É importante observar, contudo, que, a partir dessa lei, embora a ARTESP não tenha mais a competência de celebração dos contratos

---

[262] SÃO PAULO (Estado). *Parecer nº CJ/SLT nº 15/2021*. São Paulo: Procuradoria-Geral do Estado de São Paulo, 2021. p. 5-6.

de concessão, na posição jurídica de entidade contratante, diversas de suas funções anteriormente exercidas permaneceram incólumes.[263]

Quanto à posição jurídica de contratante ou de polo ativo no contrato de concessão, nem sempre a mera retirada dessa função do ente regulador representará algo a mais que isso. Daí a proposição de Egon Bockmann Moreira, para quem esta parece ser, nos contornos institucionais bem delimitados, a posição mais adequada à administração indireta:

> Inclusive, parece ser mais adequada a participação de pessoa da Administração indireta no polo ativo do contrato de concessão, ao menos para nele interagir por meio de estrutura mais ágil e flexível, com conhecimento técnico aprimorado e memória a respeito do serviço concedido. A Administração direta tende a ser apenas reativa, lenta e conservadora, muitas vezes orientada por critérios antes políticos que técnicos para a solução dos problemas. Além disso, se o Poder Público havia criado específica entidade de atuação, nela concentrando todo seu pessoal qualificado para o manejo das peculiaridades de um setor econômico (ou do serviço público), seria ineficiente suprimir a participação dessa pessoa do contrato de concessão.[264]

Compreendido o conceito que tem merecido a agência reguladora, passa-se ao atinente às empresas estatais.

3.1.3 Empresas estatais

A atividade empresarial do Estado, nos termos insculpidos pela Constituição Federal, encontra limitações. Há uma deferência à livre-iniciativa, que não poderá sofrer interdição injustificada para sua atuação.

Antes da vigência do Estado Regulador, a estratégia de criação das empresas estatais vocacionava a criação de braços empresariais do Estado para a prestação de serviços públicos ou o desenvolvimento de atividades econômicas, de modo a se cumprir, de forma direta, as finalidades públicas contextualmente consideradas.

---

[263] Posteriormente, a Lei Complementar nº 1.1413/2024 dispôs sobre o regime jurídico das agências reguladoras estaduais, alterando atribuições e funções da Agência Reguladora de Serviços Públicos Delegados de Transporte do Estado de São Paulo (ARTESP), da Agência Reguladora de Serviços Públicos do Estado de São Paulo (ARSESP) e criando a Agência de Águas do Estado de São Paulo – SP – Águas.

[264] MOREIRA. *Op. cit.*, 2022, p. 70.

Muitas das empresas criadas àquela época permanecem na estrutura administrativa dos entes federados, ensejando a pergunta: poderiam essas entidades celebrar contratos de concessão, assumindo a posição de poder concedente?

Assim como o fez com as autarquias e fundações, a Lei nº 11.079/2004 expressamente admitiu pessoas jurídicas de direito privado – notadamente as empresas estatais – como possíveis celebrantes dos novos modelos de concessões.

O tema é cercado de controvérsias. Egon Bockmann Moreira, por exemplo, questiona a estratégia política de se criar uma empresa estatal com o objetivo de lhe atribuir a exploração de um serviço público, para que, posteriormente, esta possa realizar a delegação de um serviço que lhe havia sido endereçado. Para o autor:

> Isso porque empresas estatais prestar-se-iam a ser concessionárias de serviços públicos, não concedentes. Ao contrário das autarquias (cuja *ratio essendi* é a descentralização administrativa mediante a outorga de atividades públicas). (...) Ora, se a empresa estatal é constituída para executar determinado serviço público (sob a tutela da Administração direta), mas em certo momento a concessão se tornar imprescindível, melhor seria extinguir a empresa ou retirar de sua esfera a prestação daquele serviço público.[265]

O doutrinador, contudo, admite a alteração de seu pensamento inicial - de vedação total à prática –, mas ressalvando que tal possibilidade deve ser realizada com reserva, a depender de autorização normativa e das exigências do caso concreto.

Para além das decisões políticas de criação ou extinção das empresas estatais e da decisão de se realizarem delegações de serviços titularizados pelo Estado, cinge-se à discussão a personalidade jurídica dessas entidades como pessoas jurídicas de direito privado. Para Alexandre Santos de Aragão, por exemplo, apenas a execução de serviço público poderia ser delegada a entidades privadas, incluindo as estatais, obstando-se, assim, a outorga de sua titularidade. Segundo o autor:

> Na forma descentralizada de prestação de serviço público, o poder público transfere a sua titularidade, ou simplesmente a sua execução, por outorga ou delegação, a entidade da Administração indireta ou a particular. Haverá transferência da titularidade e da execução do

[265] *Ibidem*, p. 70-71.

> serviço se a entidade para a qual for transferido tiver personalidade jurídica de direito público (autarquias e fundações de direito público). Se for pessoa jurídica de direito privado, integrante da administração indireta (fundações públicas de direito privado, empresas públicas e sociedade de economia mista) ou não (basicamente concessionários ou permissionários) a transferência será apenas da execução do serviço.[266]

Em vertente contrária, Fernando Vernalha Guimarães encontra possibilidades jurídicas para que as empresas estatais assumam competências que estão no feixe de atribuições do poder concedente. Para Vernalha, há, em todos os casos, reserva exclusiva ao Estado da produção de atos legislativos, bem como de atos regulamentares (estes excepcionalmente passíveis de serem exercidos por outras pessoas jurídicas de direito público, desde que assim preveja lei específica).

Já outras funções que marcam o regime de atribuições do poder concedente – como a decisão da delegação, celebração do contrato de concessão, exercício do poder fiscalizatório e de prerrogativas exorbitantes, de aplicação de sanções, proceder a rescisão etc. – poderiam ser transferidas por lei às empresas estatais. Mesmo aqueles poderes que classicamente poderiam ser encarados como de polícia administrativa não estariam interditados do plexo de atribuições das pessoas jurídicas de direito privado.[267]

3.1.4 Consórcios públicos

Os consórcios públicos foram criados pela Lei nº 11.107/2005, em observância ao que dispõe o art. 241 da CR/1988, com o especial objetivo de reunir o interesse comum dos entes consorciados.

Nos termos do §3º do art. 2º da lei criadora dos consórcios, estes "poderão outorgar concessão, permissão ou autorização de obras ou serviços públicos mediante autorização prevista no contrato de consórcio

---

266 ARAGÃO. *Op. cit.*, 2007, p. 560.

267 Segundo o autor: "Não são estranhas, ademais, de nosso direito positivo, hipóteses de outorga a entidades privadas de atribuições de polícia. É o caso do processo expropriatório, sede que, muito embora haja a reserva pela pessoa política da competência de editar o ato declaratório de utilidade pública ou interesse social (competência decisória política), empresas concessionárias poderão desempenhar os atos decorrentes da desapropriação (art. 3º do Decreto-lei n. 3.365/41)" (GUIMARÃES. *Op. cit.*, p. 162). Sobre o tema, ver também: VIEIRA, Ariane Sherman Morais. *Os limites à delegação do exercício do poder de polícia estatal*: análise sobre a possibilidade de atuação dos particulares. 2016. Dissertação (Mestrado) – Universidade Federal de Minas Gerais, 2016.

público, que deverá indicar de forma específica o objeto da concessão, permissão ou autorização e as condições a que deverá atender, observada a legislação de normas gerais em vigor".

Não há maiores dúvidas, portanto, quanto à competência dos consórcios públicos para figurarem como poder concedente, especialmente porque "são aptos a receber competências próprias das pessoas políticas, pondo-se na condição de exercitar ou de compartilhar funções e atribuições de poder concedente de serviços públicos".[268]

Nesses casos, não haverá uma transferência de titularidade do serviço público dos entes políticos ao consórcio público (figura jurídica distinta), mas uma verdadeira delegação "do plexo competencial hábil a qualificar a pessoa jurídica 'consórcio público' como concedente do serviço que lhes seja de interesse comum (e assim permitir que o consórcio figure no polo ativo do contrato)".[269]

3.2 Visões sobre as agências reguladoras como poder concedente nos contratos de concessão

As agências reguladoras assumirem a posição de poder concedente nos contratos de concessão encontra discussões históricas pela doutrina. Como visto, não há uma unicidade ou um regime jurídico padronizado em relação a essa divisão de papéis entre ente político e entidade reguladora.

Mesmo quando editada a Lei nº 13.848/2019, que se propôs a estabelecer regras aplicáveis a todas as agências federais, não houve qualquer definição a esse respeito. O normativo se limitou a disciplinar, em relação aos contratos passíveis de serem firmados, que a autonomia administrativa da agência reguladora se caracterizaria pela competência de "celebrar contratos administrativos e prorrogar contratos em vigor relativos a atividades de custeio, independentemente do valor".

Não há qualquer menção a se estes seriam contratos de concessão ou apenas os contratos administrativos para aquisição de bens e serviços do dia a dia das entidades. Alexandre Santos de Aragão, comentando o dispositivo, identifica que esse silêncio do legislador pode ser entendido de duas formas: ou excluindo-se da competência das agências a posição de concedente nos contratos de concessão, ou deixando a cada lei instituidora (ainda vigentes) a definição casuística. Segundo o autor:

---

268 GUIMARÃES. *Op. cit.*, p. 167.

269 MOREIRA. *Op. cit.*, 2022, p. 70-78.

O inciso III, curiosamente, fala que a agência só tem autonomia para celebrar contratos administrativos e prorrogar contratos em vigor relativos a atividades de custeio. Fica a dúvida se, a contrario sensu, para além da realização de atividades meio da agência (pagar luz, comprar papel, alugar imóvel), restariam excluídos do âmbito próprio das agências reguladoras os contratos de concessão que não são relativos à mera atividade de custeio. É possível entender ainda que a definição da competência de cada agência integra o seu próprio conceito e, portanto, é tratada em cada lei específica. Em outras palavras, também cabe a interpretação de que a lei não estaria vedando a assinatura direta de contratos que não sejam de mero custeio, mas apenas deixando claro que os contratos de mero custeio podem ser celebrados por ela sem autorização ministerial. Esta é uma questão que pode vir a gerar debate no futuro.[270]

Não tendo a lei tratado de forma expressa do assunto, permaneceriam incólumes, portanto, as vertentes favoráveis e contrárias à prática, sem que o legislador tenha apresentado solução inequívoca. Flávio Amaral Garcia, por exemplo, identifica que a assunção de poder concedente pelas agências reguladoras compromete a neutralidade de atuação dessas entidades, que deveriam ser orientadas pela constante busca pela manutenção da atualidade do serviço e dos termos contratados. Para o autor:

> Outro aspecto importante a ser destacado é que no Brasil as agências reguladoras funcionam também como poder concedente. Não nos parece o modelo mais adequado. Quando a agência cumula as funções corre-se o risco de perder a imparcialidade que deve nortear sua atuação.
>
> O mais correto é o próprio ente político conceder o serviço, reservando-se à agência uma função de atualizar todos os conceitos e parâmetros contratuais, buscando sempre uma leitura à luz dos fatos e circunstâncias do presente. Afinal, o contrato de concessão é de longa duração, e as condições fáticas iniciais não permanecem estáticas e dependem do adequado gerenciamento por parte do ente regulador.[271]

Ainda segundo Flávio Amaral Garcia, essa distorção regulatória comprometeria as estratégias e funções da regulação por contrato e da regulação por agência, "porquanto o mesmo ente que regula e concebe o contrato de concessão será o responsável por conduzir o posterior

---

[270] ARAGÃO. *Op. cit.*, 2020, p. 12.
[271] GARCIA. *Op. cit.*, 2019b, p. 77.

arbitramento dos distintos interesses apresentados ao longo da relação duradoura".[272]

Nesse ponto, faz-se especial referência à competência que algumas leis criadoras das agências setoriais realizam ao atribuir a essas entidades a elaboração dos próprios contratos de concessão.[273] É dizer: os próprios estudos, edital de licitação, audiências públicas e, posteriormente, a celebração dos ajustes, serão conduzidos pelas próprias agências.

Giuseppe Giamundo Neto e Fernanda Leoni atribuem às idiossincrasias da máquina pública brasileira e às limitações técnicas existentes as possíveis razões para a atribuição de competências entre os órgãos e entidades burocratas, anteriores a uma reflexão estruturada de arquitetura institucional do papel de cada um desses atores:

> São muitas as idiossincrasias da máquina pública brasileira que justificariam a manutenção das agências como poder concedente. Um desses aspectos seria o fato de que parte dos ministérios e secretarias setoriais não possuem quadro fixos para promover processos complexos de delegação de serviço público. As agências, de outro lado, costumam possuir equipes qualificadas, com comissões permanentes de outorga, cujos membros são dotados de independência funcional, o que tende a conferir maior estabilidade para a consecução de projetos.[274]

O panorama de posições favoráveis e contrárias a assunções dessas funções pelas entidades reguladoras é bem sintetizado por Alexandre Santos de Aragão:

> Discute-se a atribuição das funções do poder concedente ao Poder Executivo central, e não à agência independente, que ficaria apenas com as funções fiscalizatórias residuais, seria compatível com o que

---

[272] *Idem. Op. cit.*, 2019a, p. 127.

[273] Como exemplo, há competência expressa na Lei nº 10.233/2001 para a ANTT publicar os editais de licitação do transporte rodoviário, incluindo rodovias concedidas: "Art. 26. Cabe à ANTT, como atribuições específicas pertinentes ao Transporte Rodoviário: (...) VI – publicar os editais, julgar as licitações e celebrar os contratos de concessão de rodovias federais a serem exploradas e administradas por terceiros;". Da mesma forma, a Lei nº 11.182/2005 estabelece que compete à Diretoria da ANAC "(...) VI – aprovar minutas de editais de licitação, homologar adjudicações, transferência e extinção de contratos de concessão e permissão, na forma do regimento interno;"

[274] NETO, Giuseppe Giamundo; LEONI, Fernanda. Algumas notas sobre as agências reguladoras como poder concedente. *Revista Consultor Jurídico*, 4 out. 2023. Disponível em: www.conjur.com.br/2023-out-04/infra-controle-algumas-notas-agencias-reguladoras-poder-concedente. Acesso em: 23 jun. 2025.

> contemporaneamente se espera da regulação à luz do princípio da eficiência (art. 37, caput, CF). Há os que sustentam que as atribuições inerentes ao poder concedente são ínsitas à regulação e que, ao se retirar o poder concedente das agências reguladoras, estar-se-lhes-ia retirando a própria substância da competência regulatória. Afirmam ainda que a competência do Poder Executivo central para elaborar e promover os editais de licitação para outorga de serviços públicos e atividades econômicas não é condição para que possa fixar as políticas públicas de cada setor, até porque essas são logicamente anteriores à elaboração dos editais. O Poder Executivo central fixaria previamente as políticas públicas que pautariam as licitações a serem promovidas pelas agências. No outro polo, afirma-se que a permanência do poder concedente no Poder Executivo central é condição de uma eficaz regulação, já que só assim teríamos configurado o triângulo regulatório (poder público – empresas reguladas – usuários), em cujo centro ficaria o regulador.[275]

Essa é a situação, por exemplo, da Agência Nacional de Aviação Civil (Anac), responsável por, entre outras funções, aprovar minutas de editais de licitação e conceder ou autorizar a exploração da infraestrutura aeronáutica e aeroportuária.[276] Em estudo realizado pelo Banco Interamericano de Desenvolvimento, identificou-se, assim, sobre essa mesma agência, a sobreposição de funções entre regulador e concedente, arguindo-se possível conflito de interesse entre as competências existentes:

> Adicionalmente, observa-se ainda uma confusão entre regulador e concedente. No Brasil, por exemplo, as concessões de aeroportos são realizadas pela ANAC (Agência Nacional de Aviação Civil), que é uma agência reguladora por natureza. Se no caso de um reequilíbrio – financeiro do contrato a melhor decisão técnica pode ter consequências econômicas negativas para o ente contratante, um conflito de interesse entre regulador e concedente torna-se evidente. Para compensar o reajuste, a agência poderia decidir aumentar a fiscalização e aplicar mais multas ao concessionário, de forma a ter um resultado financeiro "neutro" ou menor.[277]

De forma similar, mas no setor de transportes terrestres, a crítica realizada por Thiago Priess Valiati parte de um recorte histórico dos contratos de concessão de rodovias federais. Relembra o autor que a

[275] ARAGÃO. *Op. cit.*, 2007. p. 590-593.

[276] Nos termos do art. 8º, XXIV, e 11, IV, da Lei nº 11.182/2005.

[277] BANCO INTERAMERICANO DE DESENVOLVIMENTO. *Op. cit.*

relação inicial entre a ANTT e o Ministério dos Transportes era marcada por forte insegurança jurídica ao longo dos anos 2000, com disputas de espaços e interesses políticos em decorrência das lacunas da legislação setorial. Isso porque, quando editada, a Lei nº 10.233/2001, que criou a Agência, teve dispositivos vetados pelo Presidente da República, alguns dos quais se referiam às novas funções que seriam assumidas pelo Ministério diante do surgimento do regulador independente.

Apenas com a edição do Decreto nº 4.721/2003 se delineou melhor as atribuições do Ministério, ao criar o Departamento de Outorgas com competência para "planejar, coordenar e elaborar os editais de licitação de concessão, autorização e permissão para exploração de infraestrutura e prestação de serviços de transportes". Segundo Valiati, tratava-se de sobreposição de atribuições com a própria ANTT, o que acabou por paralisar a Segunda Etapa do Programa de Concessões Rodoviárias Federais. Os editais dessa rodada haviam sido elaborados pelo então Ministério dos Transportes, mas não foram levados à frente até que se elidisse o conflito de competências, o que somente veio acontecer em 2005, com pronunciamento do Tribunal de Contas da União, legitimando a ANTT para a condução dos trabalhos.

A partir de então, especialmente diante da Segunda Etapa, consolidou-se "a possibilidade de as agências reguladoras figurarem como poder concedente nos contratos firmados pelo Governo Federal", com notório destaque à ANTT e à ANAC nessa posição.[278]

Assim, a partir dessa evolução, para o autor haveria, nesses casos, um prejuízo à regulação a ser exercida pelas agências reguladoras, com comprometimento de sua independência e neutralidade:

---

[278] Thiago Priess Valiati destaca que tal situação continuou nas rodadas subsequentes: "Posteriormente, os contratos de concessão pactuados durante o mandato da ex-presidente Dilma Rousseff, nos setores de rodovias federais (contratos de concessão de infraestrutura rodoviária da Terceira Etapa, Fase III, também chamados de 'contratos de concessão de rodovias do PIL – Programa de Investimentos em Logística') e aeroportos (Guarulhos, Viracopos e Galeão, por exemplo) também foram celebrados pelas respectivas agências reguladoras de cada setor, respectivamente a já citada ANTT e a Agência Nacional de Aviação Civil (ANAC). Ademais disso, como já dito, o modelo foi repetido nas modelagens do governo Temer, como é o caso da concessão da Rodovia de Integração do Sul (RIS) (BR-101/290/386/448/RS), no qual a agência do setor figurou na posição de Poder Concedente no contrato de concessão, conforme edital publicado em julho de 2018 – que deu início, ao que parece, à Quarta Etapa do Programa de Concessão de Rodovias Federais (PROCROFE). Além disso, a ANTT foi responsável, depois de longo controvérsia com o TCU (em uma verdadeira batalha de competências), pelos estudos prévios da contratação e elaboração do mencionado edital de licitação. Vê-se, portanto, que se tornou prática comum no contexto nacional as agências reguladoras figurarem na posição de Poder Concedente em contratos de concessão firmados pelo Governo Federal" (VALIATI. *Op. cit.*, p. 40-41).

> Ocorre que a inserção das agências reguladoras na posição de ente contratante nos contratos de concessão pactuados pelo Governo Federal pode implicar prejuízos para o sistema de regulação nacional, haja vista que ocasiona perdas em relação aos benefícios que a regulação por contrato pode efetivamente trazer (enquanto estratégia regulatória), além de não garantir a verdadeira independência das agências reguladoras, considerando-se a indevida proximidade destas com o Poder Político.[279]

E ainda:

> A partir desta modelagem nas quais as agências figuram como Poder Concedente nos contratos regulatórios, tem-se na atuação das agências uma verdadeira mistura e confusão de funções regulatórias (há, na realidade, uma efetiva sobreposição de funções por parte das agências, pois elas atuam em todos os momentos da atividade regulatória). A regulação por contrato em tais casos é uma autêntica ficção, porquanto a agência não possui autonomia para realizar escolhas independentemente do Poder Político.[280]

Ao se analisar os contratos mais recentes de concessão de rodovias federais, é possível perceber que, nestes casos, a agência reguladora atua como entidade designada pelo poder concedente, ele próprio definido, nos termos contratuais, como "a União, nos termos da Lei n° 8.987, de 13 de fevereiro de 1995, ou entidade por ela designada". Na minuta do Contrato de Concessão do Sistema Rodoviário Rio de Janeiro (RJ)-São Paulo (SP), vê-se que são signatárias do ajuste a ANTT e a Concessionária do Sistema Rodoviário RJ-SP S.A., havendo, contudo, ao longo de todos os termos contratuais, distinção explícita entre as figuras da ANTT e do "poder concedente".

Tomando-se como base as obrigações de poder concedente previstas no art. 29 da Lei nº 8.987/1995, é possível perceber o seguinte regramento contratual:

---

[279] VALIATI. *Op. cit.*, p. 40-41.

[280] *Ibidem.*

Quadro 1 – Comparativo entre o art. 29 da Lei 8.987/1995 e as disposições contratuais.

(continua)

Competência do poder concedente (art. 29 da Lei nº 8.987/1995)	Disposição contratual correspondente
I – Regulamentar o serviço concedido e fiscalizar permanentemente a sua prestação;	Competência da ANTT, cujos regulamentos são referenciados no Contrato, a exemplo: 7.1 A Concessionária deverá elaborar e manter atualizados os projetos executivos para a execução das obras da Concessão, que deverão atender integralmente aos prazos e condições previstos no PER e nos regulamentos da ANTT.
II – Aplicar as penalidades regulamentares e contratuais;	21.7.1 Pela inexecução parcial ou total deste Contrato, a ANTT poderá, garantida prévia defesa, aplicar à Concessionária as seguintes sanções, sem prejuízo da hipótese de abertura de processo para extinção por caducidade: (i) advertência; ou (ii) multa.
III – Intervir na prestação do serviço, nos casos e condições previstos em lei;	30.1 A ANTT poderá intervir, assumindo temporariamente o controle da Concessão, com o fim de assegurar a adequação da prestação do serviço, bem como o fiel cumprimento das normas contratuais, regulamentares e legais pertinentes. 30.2 A intervenção far-se-á por decreto do Poder Concedente, devidamente publicado no DOU, que conterá a designação do interventor, o prazo da intervenção e os limites da medida.
IV – Extinguir a concessão, nos casos previstos nesta Lei e na forma prevista no contrato;	Destaque para as hipóteses de encampação e caducidade, que seguem o regramento nos seguintes termos: 34.1 O Poder Concedente poderá, a qualquer tempo, mediante proposta da ANTT, encampar a Concessão, por motivos de interesse público, mediante lei autorizativa específica e prévio pagamento de indenização, a ser calculada nos termos das Regras Gerais de Indenização em Caso de Extinção Antecipada e do disposto nesta cláusula. 35.1 O Poder Concedente poderá, mediante proposta da ANTT, decretar a caducidade da Concessão na hipótese de inexecução total ou parcial do Contrato, observado o disposto em regulamentação específica da ANTT e normas legais pertinentes, e especialmente nos seguintes casos:

(continua)

Competência do poder concedente (art. 29 da Lei nº 8.987/1995)	Disposição contratual correspondente
V – Homologar reajustes e proceder à revisão das tarifas na forma desta Lei, das normas pertinentes e do contrato;	19.7.8 Os valores reajustados das Tarifas de Pedágio e da Tarifa de Pedágio do Trecho Viúva Graça serão autorizados mediante publicação de resolução específica da ANTT no DOU.
VI – Cumprir e fazer cumprir as disposições regulamentares do serviço e as cláusulas contratuais da concessão;	21.1 O descumprimento das disposições deste Contrato e seus Anexos, e do Edital e seus Anexos ensejará a aplicação das penalidades previstas neste Contrato e nas demais disposições legais e regulamentares da ANTT, exceto em caso de conflito, no qual prevalecerão as disposições contratuais. 16.1 Os poderes de fiscalização da execução do Contrato serão exercidos pela ANTT, diretamente ou mediante convênio.
VII – Zelar pela boa qualidade do serviço, receber, apurar e solucionar queixas e reclamações dos usuários, que serão cientificados, em até trinta dias, das providências tomadas;	14.1 Sem prejuízo de outros direitos e obrigações previstos em lei, regulamentos da ANTT e em outros diplomas legais aplicáveis, são direitos e obrigações dos usuários do Sistema Rodoviário a serem observados e assegurados pela Concessionária: (...) (ii) receber da ANTT e da Concessionária informações para o uso correto do serviço prestado pela Concessionária e para a defesa de interesses individuais ou coletivos.
VIII – Declarar de utilidade pública os bens necessários à execução do serviço ou obra pública, promovendo as desapropriações, diretamente ou mediante outorga de poderes à concessionária, caso em que será desta a responsabilidade pelas indenizações cabíveis;	6.1.1 À ANTT cabe providenciar a DUP, mediante solicitação justificada da Concessionária e em conformidade com a legislação vigente e regulamentos da ANTT.
IX – Declarar de necessidade ou utilidade pública, para fins de instituição de servidão administrativa, os bens necessários à execução de serviço ou obra pública, promovendo-a diretamente ou mediante outorga de poderes à concessionária, caso em que será desta a responsabilidade pelas indenizações cabíveis;	6.2.1. Cabe à Concessionária, como entidade delegada do Poder Concedente, e sob a fiscalização da ANTT, promover desapropriações e servidões administrativas, propor limitações administrativas e ocupar provisoriamente bens imóveis necessários à execução e conservação de obras e serviços vinculados à Concessão, conforme previsto no PER.

(conclusão)

Competência do poder concedente (art. 29 da Lei nº 8.987/1995)	Disposição contratual correspondente
X – Estimular o aumento da qualidade, produtividade, preservação do meio ambiente e conservação;	Não foi encontrada previsão contratual expressa nesse sentido.
XI – Incentivar a competitividade; e	Não foi encontrada previsão contratual expressa nesse sentido.
XII – Estimular a formação de associações de usuários para defesa de interesses relativos ao serviço.	Não foi encontrada previsão contratual expressa nesse sentido.

Fonte: elaborado pelo autor.

Vê-se, portanto, que ainda que a ANTT esteja representando o poder concedente no Contrato de Concessão, não há uma assunção automática de todos os poderes que a lei atribui a essa figura jurídica. Há, na verdade, um embaralhar de competências que ora se referem à decisão política (declarar a encampação de um contrato de concessão, por exemplo), ora assinalam a plena independência da entidade em relação ao poder político.

Trata-se de situação já identificada por Marçal Justen Filho:

> Veja-se que permanece existindo uma titularidade conjunta de competências. É juridicamente impossível afirmar que a agência reguladora titulariza todos os poderes inerentes à qualidade de poder concedente. Assim não se passa, inclusive, porque algumas competências apresentam natureza legislativa, sendo privativas do ente político. Apenas para exemplificar, a encampação depende de autorização legislativa. Portanto, o "poder concedente" é titular da competência para encampar, mas isso não significa que uma agência reguladora possa liberar autonomamente sobre a matéria.[281]

Tal situação parece decorrer diretamente da superveniência das agências reguladoras em relação àquilo que a própria lei atribuiu como competência da categoria etérea "poder concedente".[282]

---

[281] JUSTEN FILHO. *Op. cit.*, 2003, p. 294.

[282] No Relatório Final do Grupo de Trabalho Interministerial que avaliou o papel das agências reguladoras no Brasil, aponta-se outra hipótese para essa confusão de papéis,

Há, assim, nos termos do art. 29 da Lei nº 8.987/1995, competências eminentemente próprias à regulação, como também há decisões que estão diretamente relacionadas ao que politicamente se entende como a melhor escolha circunstancialmente considerada. Todas elas, contudo, estão albergadas sob o manto do que a lei instituiu como "poder concedente".

Repise-se, inclusive, que o fato de as agências configurarem como polo ativo nos contratos de concessão (naquilo que Egon Bockmann Moreira definiu, como já visto, como uma das acepções de poder concedente) não atrai para a entidade designada todo o feixe de competências que caberiam à política pública setorial. Daí também se afirmar, como faz Marçal Justen Filho, que "o que se exige, então é uma determinação mais satisfatória sobre a partilha administrativa de competências, para possibilitar a identificação simples e precisa das atribuições de cada entidade administrativa".

Também há quem defenda que as agências deveriam atrair para si competências mais abrangentes, entendendo esta como uma opção política razoável, a exemplo do que expõe Alexandre Santos de Aragão:

> No que diz respeito à questão do poder concedente, embora nos inclinemos um pouco mais em direção à tese de que a agência não deve acumular as funções de poder concedente, consideramos a possibilidade de o próprio ente regulador celebrar seus contratos uma opção política razoável, pois também tememos que ele se torne um mero aplicador de multa, caso não detenha o poder concedente. Assim, consideramos

anterior, inclusive, à tropicalização do modelo de agências. Trata-se do relacionamento entre administração direta e indireta: "A análise da práxis recente apontou uma série de distorções no funcionamento das agências – tanto no relacionamento com seus ministérios supervisores, quanto em termos de coordenação entre agências. O primeiro tipo de problema, obviamente, não é apanágio das reformas recentes. De fato, ambiguidades nos termos do relacionamento da administração direta com as agências reguladoras em grande parte apenas espelham as dificuldades observadas no período 1967-1988, quando se criaram as autarquias. A racionalidade da delegação de funções executivas e reguladoras para órgãos da administração indireta envolve a concessão de uma maior autonomia em troca do cumprimento de políticas e metas de performance contratualizadas entre ambas as partes. Três distorções ocorrem potencialmente neste processo: (i) primeiro, os termos de entendimento não são elaborados e as duas partes seguem operando independentemente; (ii) segundo, a própria agência define os termos pelos quais entende que deva ser supervisionada; (iii) terceiro, o ministério não consegue interagir adequadamente com as autarquias por razões políticas ou técnicas e passa a operar contra elas" (BRASIL. Presidência da República. *Relatório Final do Grupo de Trabalho Interministerial*. Análise e Avaliação do Papel das Agências Reguladoras no Atual Arranjo Institucional Brasileiro. Brasília, DF: Presidência da República, 2003. p. 23).

qualquer umas das opções político legislativa razoável, tanto para concentrar na agência reguladora as prerrogativas de poder concedente, como para deixá-las com a Administração Direta.[283]

O tema ainda é recente. Em 2023, o Senador Jorge Kajuru propôs o Projeto de Lei nº 2263/2023 para alterar o art. 14 da Lei nº 8.987, propondo a inclusão de parágrafo único nos seguintes termos:

> Art. 1º O art. 14 da Lei nº 8.987, de 13 de fevereiro de 1995, passa a vigorar acrescido do parágrafo único com a seguinte redação:
>
> "Art. 14. (...) Parágrafo único. É vedada a realização de licitação para a concessão de serviço público por agência reguladora." (NR)

A justificativa do autor centrava-se em identificar que não deveriam as agências reguladoras ser o ente responsável pela estruturação dos projetos, sob pena de comprometimento da neutralidade desejada quando da tropicalização do modelo:

> Não é razoável e nem lógico-jurídico, além de conflitar com o princípio da moralidade, que entidades da administração pública – as agências reguladoras – que detêm a atribuição legal de fiscalizar e disciplinar a atuação de concessionárias de serviço público sejam a licitante e contratante dessas empresas.

O Parecer do Relator, no âmbito da Comissão de Serviços de Infraestrutura, analisou a proposição do projeto de lei de forma favorável:

> A proposição é meritória. As leis de criação de algumas agências reguladoras preveem a possibilidade de essas entidades realizarem as licitações prévias à celebração de contratos de concessão, com destaque para a Agência Nacional de Transportes Terrestres (ANTT) e a Agência Nacional de Aviação Civil (Anac). A celebração de contratos de concessão por parte das agências reguladoras, contudo, vai de encontro à origem e à razão de ser dessas entidades, criadas para conferir maior segurança jurídica e previsibilidade à ação estatal, as quais são indispensáveis para a realização dos investimentos de grande porte característicos das concessões públicas.
>
> De fato, a realização dos processos licitatórios e a celebração dos contratos deles decorrentes por agências reguladoras comprometem

283 ARAGÃO. *Op. cit.*, 2020, p. 12.

> decisivamente sua independência e imparcialidade, em prejuízo ao sistema de regulação nacional. Majora-se, ainda, o risco de captura dessas agências.
>
> Diante desse contexto, ganha relevo a necessidade de se assegurar a independência das agências reguladoras, condição indispensável para que os interesses dos consumidores, das empresas reguladas e dos grupos de interesse sejam adequadamente considerados. Deve-se, assim, blindar essas agências de pressões políticas que coloquem em risco a sua defesa do interesse público.[284]

O projeto de lei, contudo, foi arquivado a pedido do próprio Senador.

De tudo que se extrai, o que parece é a inexistência de um regime jurídico definidor da posição de poder concedente quando há convivência do ente político e do ente regulador, de tal forma que a casuística acaba por definir quais atribuições são direcionadas a cada um dos órgãos e entidades que orbitam a relação concessória. Trata-se, na verdade, de escolhas políticas juridicamente válidas (como já afirmado pelo TCU no caso de embate entre o Ministério dos Transportes e a ANTT), mas não necessariamente mais afeiçoadas ao exercício da regulação independente.

Nesse sentido, há alternativas já delineadas, conforme também nos lembra Marçal Justen Filho:

> Há propostas em outro sentido, pretendendo que a agência desempenhe funções de gestão da contratação, mas não intervenha diretamente sobre o processo de outorga de concessões. Então, incumbiria à Administração Central (com ou sem a participação de autarquias clássicas) produzir a licitação e formalizar a contratação. Agência desempenharia, supõe-se, uma função de acompanhamento do certame, mas sem a intervenção imediata – a não ser em face de determinados pressupostos. A partir da formalização da outorga, os poderes regulatórios inerentes à condição de "poder concedente" seriam exercitados pelas agências.[285]

O art. 29 da Lei nº 8.987/1995, portanto, é apenas um ponto de partida para as funções públicas que devem ser cumpridas em um contrato de concessão, mas ainda insuficiente para definir o que são atribuições próprias do ente político e do ente regulador quando houver

[284] BRASIL. Senado Federal. *Projeto de Lei nº 2263/2023*. Brasília: Senado Federal, 2023.
[285] JUSTEN FILHO. *Op. cit.*, 2003, p. 294-295.

um duplo sistema regulatório. Apenas diante dessa divisão é que se poderá definir, com clareza, o que caberá e a quem caberá o exercício das funções de poder concedente em contratos de concessão, partindo-se de uma proposta que harmonize a independência das agências e as decisões que devem ser tomadas pelo ente político.

3.3 Divisão de competências entre ente político e ente regulador: a política pública setorial e a regulação dos serviços delegados

Em todos os casos, ainda que, como visto, não haja uma clareza normativa do que se configura "poder concedente" em um sistema duplamente regulado, há importância fundamental na interlocução e harmonia entre a formulação da política pública setorial, que será encampada nas escolhas e instrumentos para condução das tarefas públicas, e a regulação dos serviços que serão desempenhados por meio do parceiro privado.

Floriano de Azevedo Marques Neto ressalta a separação entre políticas públicas e políticas regulatórias. As políticas públicas, para o autor, conjugariam os objetivos e princípios das políticas de estado, a partir de mediações políticas, de forma a estabelecer normas, princípios e atos voltados a um objetivo determinado de interesse geral. As políticas públicas são, portanto, definidas a partir do lastro democrático na eleição dos governantes e serão estabelecidas no espaço governamental. Já as políticas regulatórias estão relacionadas às opções do regulador (incluindo os instrumentos disponíveis para tanto) para fazer cumprir as políticas públicas setorialmente eleitas.[286]

Flávio Amaral Garcia vai no mesmo sentido ao defender que "a regulação não se enquadra na ideia de formulação das políticas públicas", uma vez que, para o autor:

> A regulação está diretamente ligada à fase de implementação destas políticas públicas, e o executor passa a ser o agente econômico privado, com o Estado, por intermédio das agências reguladoras, buscando o equilíbrio entre os diversos interesses envolvidos.[287]

---

[286] MARQUES NETO. *Op. cit.*, 2005, p. 87-88.

[287] GARCIA. *Op. cit.*, 2019b, p. 81.

Conforme também já afirmado pelo Ministro Nelson Jobim:

> Não cabe à agência reguladora fixar políticas. O que tem a agência reguladora de característica é a sua independência para escolher os instrumentos pelos quais poderão ser atingidos, no setor, os objetivos que não são fixados pela agência, mas por outras áreas do Estado. Trata-se de uma independência de escolha de meios para atingir objetivos que não são por ela fixados.[288]

O tema ganhou especial atenção quando, em 2003, por decisão da Presidência da República, criou-se Grupo de Trabalho Interministerial com o objetivo de analisar, discutir a organização e propor medidas para o aperfeiçoamento do modelo institucional das agências reguladoras no âmbito do Poder Executivo Federal.[289]

O Grupo de Trabalho identificou distorções no modelo vigente, em especial "o exercício de competências de governo pelas Agências Reguladoras, como a absorção da atividade de formulação de políticas públicas e do poder de outorgar e conceder serviços públicos". Segundo o relatório:

> Uma das principais distorções do papel das agências detectada foi o exercício de competências de governo pelas agências reguladoras, como a absorção da atividade de formulação de políticas públicas e do poder de outorgar e conceder serviços públicos, assim como a questão da celebração de contratos, apontadas por grande parte dos ministérios representados no Grupo de Trabalho.[290]

---

[288] JOBIM, Nelson. *Quem controla as Agências Reguladoras de Serviços Públicos?* Rio de Janeiro: Instituto Hélio Beltrão, 2003. p. 35.

[289] Segundo o relatório, as principais questões suscitadas pelo Governo e representantes do Poder Legislativo foram: (a) adequação do grau de autonomia ou independência das agências em relação aos ministérios e o papel desses atributos no bom ordenamento da economia e no fomento ao investimento produtivo; (b) a esfera de atuação das agências reguladoras, tanto na área de planejamento quanto na outorga de concessões e permissões; (c) a necessidade de fortalecimento dos ministérios e a aproximação desses órgãos com respeito a atribuições básicas de planejamento e formulação de políticas públicas na esteira da reorientação do papel das empresas estatais nos últimos dez anos; (d) eficácia das agências na defesa dos interesses dos consumidores e no cumprimento de suas competências legais; (e) adequação dos meios para que as agências possam cumprir seu papel, inclusive no que tange à formação de um quadro de pessoal qualificado, com prerrogativas compatíveis ao exercício de seu papel de fiscalização e regulação; e (f) inexistência de mecanismo de prestação de contas por parte das agências ao Congresso Nacional, inclusive no que tange ao poder do Congresso, para convocar presidentes e diretores dessas entidades para prestar esclarecimentos (BRASIL. Presidência da República. *Relatório Final do Grupo de Trabalho Interministerial*. Análise e Avaliação do Papel das Agências Reguladoras no Atual Arranjo Institucional Brasileiro. Brasília, DF: Presidência da República, 2003. p. 4).

[290] BRASIL. *Op. cit.*, 2003, p. 24.

Em relação ao poder de outorgar e conceder serviços públicos, no entender do Grupo de Trabalho, este é de competência do Estado, nesse caso representado pelos ministérios competentes. Afiliando-se à doutrina do Ministro Luís Roberto Barroso, entendeu-se, nesses casos, que à regulação independente caberia "zelar pelo cumprimento dos contratos de concessão", além de "fomentar a competitividade do setor, induzir à universalização de serviços, aplicar a legislação relativa à fixação de tarifas e arbitrar conflitos entre o poder concedente, os concessionários e os usuários".[291]

Isso não significaria, por si só, óbice à celebração de contratos de concessão pelas agências reguladoras, na medida em que se trata de "liberalidade do Legislador que pode merecer alguma reflexão e ajuste, ainda que não se acolha o ponto de vista de alguns analistas que pretendem tratar-se de delegação inconstitucional de competência".[292] A reflexão do Grupo de Trabalho perpassa, aliás, a capacidade operacional dos ministérios, bem como a possibilidade de já terem sido realizadas escolhas legislativas, em alguns casos, de conferir às agências a competência de elaborar os editais de concorrência. Assim, concluem que: "A questão do escopo da faculdade da celebração de contratos e o papel no processo de outorga de concessões reveste-se, portanto, de aspectos práticos que explicam algumas variações entre agências".[293]

Na conclusão dos aperfeiçoamentos sugeridos ao modelo institucional das agências reguladoras no Brasil, o Grupo de Trabalho então concluiu de forma a privilegiar o modelo de celebração dos contratos pelos ministérios, admitindo, contudo, a alternativa de assunção dos contratos pelas agências reguladoras:

> Transferência da atribuição de celebração de contratos de concessão das agências de energia, telecomunicações, petróleo e transportes para os respectivos ministérios, sem prejuízo dos contratos já definidos (e.g., as propostas de contratos das concessionárias dos sistemas de telefonia fixa comutada, a vigorar no período de 1/1/2003 a 31/12/2025, no caso das telecomunicações)[26]. Alternativamente, os Ministérios poderiam ficar responsáveis por estabelecer os critérios gerais para as concessões, que devem refletir as políticas e diretrizes setoriais, as quais devem constar dos editais das licitações e dos contratos de concessão, permissão ou

[291] *Ibidem.*

[292] *Ibidem.*

[293] *Ibidem*, p. 35.

autorização. Nesse caso, as agências, em função de sua especialização e estrutura operacional, manteriam as responsabilidades pela celebração dos contratos.[294]

Situação diferente seria, portanto, a competência por formular as políticas públicas setoriais, a serem refletidas nos contratos de concessão celebrados. Para o Grupo de Trabalho, em alguns casos, as agências não só regulavam e fiscalizavam o setor, mas atuavam de forma abrangente na formulação de tais políticas.

Essa distorção teria ocorrido por um fator histórico de esvaziamento dos ministérios, a partir dos processos de privatização que teriam ocasionado migração de quadros técnicos para o setor privado:

> Assim, fica evidenciada a necessidade de fortalecimento dos quadros dos ministérios com técnicos especializados capazes de produzirem análises, relatórios, diagnósticos e cenários para a proposição de políticas públicas em consonância com as diretrizes idealizadas pelo Governo eleito.[295]

Em todos os casos, haveria a necessidade de se divisar com mais segurança jurídica e estabilidade os papéis a serem desempenhados pelos atores públicos, criando regras claras e bem definidas entre o que seria atividade de política pública setorial e de regulação econômica:

> O modelo das agências reguladoras, entretanto, para ser consolidado, precisa ser aperfeiçoado e ter corrigidas algumas disfunções e lacunas pontuais decorrentes da introdução inovadora dessas entidades no ordenamento da Administração Pública Federal. O aprimoramento do desenho institucional do Estado, com o estabelecimento de um marco regulatório perene e eficiente, é fundamental. Esse aprimoramento pressupõe um marco regulatório que seja estável (com regras claras e previsíveis), mas não estático. De outra parte, faz-se necessário estabelecer a fronteira entre formulação de política setorial e regulação econômica.[296]

Refletindo-se sobre as discussões travadas pelo Grupo de Trabalho, foi proposto o Projeto de Lei nº 3.337, de 2004, de autoria do próprio Poder Executivo,[297] assim defendido em sua Exposição de Motivos:

---

[294] *Ibidem*.

[295] *Ibidem*, p. 25.

[296] *Ibidem*, p. 24.

[297] Floriano de Azevedo Marques Neto, ainda em 2005, comentando os aperfeiçoamentos que deveriam ser realizados no modelo das agências reguladoras, já se reportava à necessidade

> O projeto de lei que ora lhe submeto, em nome dos Ministros de Estado que participaram ativamente desse debate e da formulação das propostas em tela, pretende deixar claro à sociedade que planejamento e formulação de políticas setoriais cabe aos órgãos da administração direta. Às Agências Reguladoras cabe regulamentar e fiscalizar as atividades reguladas, implementando, no que lhes toca, a política setorial.

Quanto à possibilidade ou não de ser realizada a outorga de concessões pelas agências, entendeu-se que esta se trata de possibilidade que deve ficar a cargo do respectivo Ministério, o verdadeiro titular do direito de exploração dos serviços passíveis de concessão:

> No caso do poder de outorga de concessões, permissões e autorizações, entendeu-se que, nos termos da própria Constituição Federal, o Estado é o titular do direito de explorar, diretamente ou mediante concessão ou permissão, os serviços públicos. Ao Estado compete, assim, outorgar ou não a terceiros o direito de explorar e prestar esses serviços ou de exercer atividade econômica mediante concessão ou permissão. Assim, a faculdade de celebração de contratos de outorgas atribuída às Agências em suas leis específicas é vista como mera liberalidade do legislador, tendo o projeto de lei previsto a transferência dessas atribuições para os respectivos ministérios. *No entanto, de tal forma a questão se reveste de aspectos práticos, que o projeto de lei, embora disponha expressamente que a competência de conceder outorgas e celebrar contratos de concessão e permissão é do Poder Executivo, deixa ao alvedrio de cada Ministério a possibilidade de delegar essas atribuições à Agência.* (grifos nossos)

O que o Projeto de Lei parece afirmar, portanto, é que, uma vez conferida tal possibilidade às agências reguladoras, ainda que por delegação, de conceder outorgas de determinado serviço, esse ato não se configuraria como formulação de política pública, mas mera operacionalização de decisão anterior advinda da decisão ministerial. Ainda que assim se afirme, ou seja, que se defenda que o ato de outorga se afeiçoe à política regulatória, uma vez cumpridos os ditames de planejamento anterior, é importante relembrar que o papel exercido pelas agências, nesse caso, não encerrar-se-á na celebração do contrato de concessão.

---

de explicitação das fronteiras entre políticas públicas e políticas regulatórias. Segundo o autor: "É necessário (e aqui não se pode fazer de forma unificada para todos os setores, mas segregadamente para cada ordenamento setorial) que a lei aparte as competências e delimite os marcos das políticas de Estado e os papéis do governo e das agências em face do setor regulado" (MARQUES NETO. *Op. cit.*, 2005b, p. 135).

Ao contrário, serão vivenciadas, ao longo de todo ajuste, todas as situações e circunstâncias próprias do projeto concessório (como visto no Capítulo 2), as quais muitas vezes estarão alijadas do plano setorial (ou plano de outorgas) estabelecido. É dizer: a política pública não se encerra no ato de outorga, mas também permeia a relação público-privada que se alonga no tempo, especialmente em contratos complexos, relacionais, mutáveis e de longa duração.

CONCLUSÃO

A reforma administrativa que prenunciou as agências reguladoras no direito brasileiro começou um movimento de reestruturação das funções e competências dos entes e órgãos administrativos, mas não foi suficiente para organizar harmonicamente todas as estruturas do Estado.

As agências reguladoras, inspiradas no modelo norte-americano, mas profundamente tropicalizadas para o contexto político-econômico brasileiro, foram introduzidas por meio de leis esparsas, setoriais, isoladamente consideradas sem que houvesse uma reflexão estrutural de qual seria seu papel diante dos instrumentos e mecanismos de gestão pública que já existiam.

É o caso das concessões. Pretéritas, no direito brasileiro, ao modelo de agências, e inspiradas no direito francês. Fortemente marcadas pelo elemento contratual, as delegações de serviços titularizados pelo Estado aos particulares como forma de atingimento dos fins públicos passaram a conviver com a regulação por agência.

Criadas para exercerem função regulatória independente, imparcial e tecnicamente especializada, as agências reguladoras se viram diante de contratos de concessão de longo prazo, com significativos riscos distribuídos entre as partes e com uma cadeia de relações que enredam interesses diversos.

Por meio de algumas das leis criadoras, ainda, algumas agências passaram a exercer funções mais abrangentes naquilo que a Lei nº 8.987/1995 intitulou como "poder concedente", assumindo, inclusive, a posição de contratante nos contratos de concessão. Mesmo nesse novo arranjo, não houve transferência uniforme de todas as funções, remanescendo sombreamento ou mesmo sobreposição de competências com o ente político titular do serviço concedido.

Não há, também, como singularizar o movimento que hoje ainda é observado: em cada esfera governamental, a partir de cada experiência de organização administrativa e em cada contrato de concessão, há definição casuística desses arranjos público-público, sem que se possa apresentar – ou, ao menos, criticar – escolhas padronizadas.

É preciso reconhecer, contudo, que se a criação das agências reguladoras no direito brasileiro decorreu de uma necessidade premente de previsibilidade, segurança jurídica e independência perante o poder político, especialmente para confortar o investimento privado e garantir serviços adequados à coletividade, esse embaralhamento de posições e a indefinição de competências claras vão de encontro à história e à razão de ser da regulação independente.

Ainda que se reconheça a legalidade/legitimidade da forma como hoje são conduzidas concessões especialmente no âmbito federal – no qual se destaca a experiência da ANTT, por exemplo –, certamente há espaço para se repensar a convivência entre agência e ente político na definição de competências e no espaço reservado para o ente regulador em contratos complexos.

Um primeiro ponto de partida poderá ser a reflexão firme e constante de quem, como e em que momento se realizam as definições da política pública, a formulação das escolhas estatais e dos planos do que se pretende realizar, bem como dos instrumentos, meios, formas e condições desses instrumentos – os quais poderão ser, então, fiscalizados, acompanhados, defendidos e, por que não, regulados por entes públicos especialmente criados para esse fim.

A obra de Gabriel Ribeiro Fajardo, fruto de sua dissertação de mestrado, defendida na Universidade Federal de Minas Gerais, constitui uma contribuição relevante para a compreensão de um dos temas mais complexos e atuais do direito administrativo brasileiro: a interação entre agências reguladoras e contratos de concessão na regulação dos serviços públicos delegados.

O trabalho surge em um momento particularmente oportuno, em que o Brasil atravessa um processo contínuo de reavaliação do papel do Estado na economia e na prestação de serviços públicos, acompanhado por uma intensa agenda de novas concessões em todos os setores da infraestrutura, tanto no âmbito federal quanto nos entes subnacionais. As transformações iniciadas na década de 1990, com a introdução das agências reguladoras no ordenamento jurídico nacional, representaram uma mudança paradigmática na forma como o Estado concebe e executa suas funções regulatórias. Esta obra oferece uma análise crítica e aprofundada dessas mudanças, examinando não apenas seus fundamentos teóricos, mas também suas implicações práticas para a efetividade da regulação estatal.

Uma das maiores virtudes do trabalho está na habilidade de articular teoria e prática de forma consistente e esclarecedora. O autor não se limita a uma abordagem dogmática, mas busca compreender as consequências concretas das escolhas institucionais do legislador brasileiro na criação e na estruturação das agências reguladoras. Essa análise é enriquecida por sua experiência profissional no setor de infraestrutura, que lhe proporcionou conhecimento direto dos desafios cotidianos enfrentados pelos reguladores.

Essa vivência prática confere à obra uma dimensão singular, que transcende os limites da pesquisa acadêmica tradicional. Fajardo não apenas teoriza sobre os problemas da regulação – ele os vivencia. O resultado é uma análise sólida do ponto de vista teórico e informada empiricamente. Seu domínio técnico, aliado à experiência prática, possibilita uma compreensão mais refinada das complexidades inerentes à regulação dos serviços públicos concedidos.

O questionamento central – se as agências reguladoras deveriam exercer funções típicas do poder concedente nos contratos de concessão – aborda uma das questões mais sensíveis do direito administrativo contemporâneo. A resposta tem impacto direto não apenas sobre a eficiência regulatória, mas também sobre a legitimidade democrática das decisões dessas entidades. A experiência do autor lhe permite tratar o tema como um dilema prático real, vivenciado no setor regulatório.

O livro é publicado em um contexto de novos e complexos desafios regulatórios, decorrentes da evolução tecnológica, de mudanças econômicas e sociais e da crescente demanda por sustentabilidade ambiental e social. A emergência de novos modelos de negócio, a digitalização dos serviços públicos e as exigências de adaptação institucional colocam as agências diante de responsabilidades inéditas.

Nesse cenário, as reflexões de Fajardo ganham especial relevância. A questão da neutralidade regulatória, ponto central de sua análise, torna-se ainda mais crucial para que as agências respondam adequadamente a tais demandas, preservando sua independência e legitimidade.

A investigação das tensões entre funções regulatórias e atribuições do poder concedente oferece subsídios valiosos para o debate sobre reformas institucionais. Permanece em aberto a questão sobre se tais funções devem ser desempenhadas por órgãos distintos ou conciliadas em uma mesma instituição, e a contribuição de Fajardo oferece fundamentos sólidos para que essa discussão avance de forma construtiva. Sua visão prática acrescenta realismo à análise, considerando as dinâmicas políticas, econômicas e administrativas envolvidas.

Assim, *Agências reguladoras e contratos de concessão: interação na regulação dos serviços públicos concedidos* representa uma contribuição significativa à literatura jurídica brasileira sobre regulação econômica e direito administrativo. Gabriel Ribeiro Fajardo aborda um tema de elevada complexidade técnica com clareza e rigor científico, sem abrir mão de uma linguagem acessível. Ele o faz, ainda, a partir de uma perspectiva enriquecida pela prática profissional, o que confere à obra credibilidade e profundidade analítica raras.

A publicação deste trabalho em formato de livro representa não apenas o reconhecimento do mérito acadêmico da pesquisa de Fajardo, mas também uma valiosa contribuição para o debate público sobre o futuro da regulação no Brasil. A obra oferece bases teóricas e empíricas consistentes para que esse debate se desenvolva de forma mais informada e produtiva, inspirando novos estudos e fortalecendo a integração entre academia e prática regulatória.

Guilherme Theo Sampaio

Diretor-Geral da Agência Nacional de Transportes Terrestres. Mestre em Direito Econômico e Desenvolvimento pelo IDP. Professor convidado da PUC Minas e outras instituições de ensino. Advogado licenciado.

REFERÊNCIAS

ABRUCIO, Fernando Luiz. O impacto do modelo gerencial na administração pública: um breve estudo sobre a experiência internacional recente. *Cadernos ENAP*, Brasília, n. 10, 52 p., 1997.

ALENCAR, Letícia Lins de. *Equilíbrio na concessão*. Belo Horizonte: Fórum, 2019.

ALMEIDA, Fernando Dias Menezes de. Considerações sobre "regulação" no Direito positivo brasileiro. *Revista de Direito Público da Economia – RPDE*, Belo Horizonte, ano 3, n. 12, out./dez. 2005.

ARAGÃO, Alexandre Santos de. Considerações iniciais sobre a Lei Geral das Agências Reguladoras. *Revista de Direito da Administração Pública*, ano 5, v. 1, n. 1, p. 7-23, jan./jun. 2020.

ARAGÃO, Alexandre Santos de. *Direito dos Serviços Públicos*. Rio de Janeiro: Forense, 2007.

ARAGÃO, Alexandre Santos de. *O Poder Normativo da Agência Nacional de Petróleo (ANP)*. *Boletim de Direito Administrativo (BDA)*, São Paulo, n. 8, 2011.

ARAGÃO, Alexandre Santos de. Revisão tarifária substitutiva da modelagem econômica licitada. Parecer. *In*: MOREIRA, Egon Bockmann (coord.) *Tratado do equilíbrio econômico-financeiro*: contratos administrativos, concessões, parcerias público-privadas, Taxa Interna de Retorno, prorrogação antecipada e relicitação. 2. ed. Belo Horizonte: Fórum, 2019. p. 35-56.

BAKOVIC, Tonci; TENENBAUM, Bernard; WOOLF, Fiona. *Regulation by contract*: a new way to privatize electricity distribution? Washington: The World Bank, 2003.

BANCO INTERAMERICANO DE DESENVOLVIMENTO. *O Estado como bom pagador*. São Paulo: BID, 2021. Disponível em: https://publications.iadb.org/publications/portuguese/document/O-Estado-como-Bom-Pagador-a-estruturacao-de-garantias-e-outros-instrumentos-de-pagamento-para-atracao-de-investimentos-de-alta-qualidade-na-America-Latina-e-Caribe.pdf. Acesso em: 23 jun. 2025.

BANDEIRA DE MELLO, Celso Antônio. *Curso de Direito Administrativo*. 17. ed. São Paulo: Malheiros, 2004.

BERNSTEIN, Marver H. *Regulating business by independent commission*. New Jersey: Princeton University Press, 1995.

BINENBOJM, Gustavo. Agências reguladoras independentes e democracia no Brasil. *Revista de Direito Administrativo*, Rio de Janeiro, p. 147-167, 2005.

BITTENCOURT NETO, Eurico. Transformações do Direito da Organização Administrativa e a Constituição de 1988. *In*: DI PIETRO, Maria Sylvia Zanella; MOTTA Fabrício (coord.) *O Direito Administrativo nos 30 anos da Constituição*. Belo Horizonte: Fórum, 2018.

BOGOSSIAN, André. Acórdão 1.096/2019. *In*: DANTAS, Bruno; GUERRA, Sérgio (coord.) *Direito da Infraestrutura*: regulação e controle do TCU. Belo Horizonte: Fórum, 2021.

BRASIL. Agência Nacional de Transportes Terrestres. *Consulta Pública nº 001/2011. Instrumentos do Processo de Participação e Controle Social no âmbito da ANTT, visando colher contribuições e sugestões à proposta de Metodologia e Revisão das Tabelas Tarifárias das Concessionárias de Serviço Público de Transporte Ferroviário de Cargas*. Disponível em: http://anuario.antt.gov.br/index.php/content/view/12484/001_2011.html. Acesso em: 7 jul. 2025.

BRASIL. Agência Nacional de Transportes e Terrestres. *Súmula nº 8, de 8 de dezembro de 2020*. Disponível em: www.in.gov.br/en/web/dou/-/sumula-n-8-de-8-de-dezembro-de-2020-293248454. Acesso em: 7 jul. 2025.

BRASIL. *Lei nº 13.848, de 25 de junho de 2019*. Brasília, DF: Presidência da República, [2019]. Disponível em: www.planalto.gov.br/ccivil_03/_ato2019-2022/2019/lei/l13848.htm. Acesso em: 23 jun. 2025.

BRASIL. *Lei nº 11.079, de 30 de dezembro de 2004*. Brasília, DF: Presidência da República, [2004]. Disponível em: www.planalto.gov.br/ccivil_03/_ato2004-2006/2004/lei/l11079.htm. Acesso em: 23 jun. 2025.

BRASIL. *Lei nº 8.666, de 21 de junho de 1993*. Brasília, DF: Presidência da República, [1993]. Disponível em: www.planalto.gov.br/ccivil_03/leis/l8666cons.htm. Acesso em: 23 jun. 2025.

BRASIL. *Lei nº 8.987, de 13 de fevereiro de 1995*. Brasília, DF: Presidência da República, [1995]. Disponível em: www.planalto.gov.br/ccivil_03/leis/l8987cons.htm. Acesso em: 23 jun. 2025.

BRASIL. Ministério da Administração Federal e Reforma do Estado. *Exposição de motivos para Emendas Constitucionais administrativas*. Brasília: Presidência da República. Ministério da Administração e Reforma do Estado, 1995a.

BRASIL. *Plano Diretor da Reforma do Aparelho do Estado*. Brasília: Presidência da República, Câmara da Reforma do Estado, Ministério da Administração Federal e Reforma do Estado, 1995b.

BRASIL. Presidência da República. *Relatório Final do Grupo de Trabalho Interministerial*. Análise e Avaliação do Papel das Agências Reguladoras no Atual Arranjo Institucional Brasileiro. Brasília, DF: Presidência da República, 2003.

BRASIL. Senado Federal. *Projeto de Lei nº 2263/2023*. Brasília: Senado Federal, 2023.

BRESSER-PEREIRA, Luiz Carlos. *A reforma do estado dos anos 90*: lógica e mecanismos de controle. Brasília: Ministérios da Administração Federal e Reforma do Estado, 1997. Caderno 1.

BRESSER-PEREIRA, Luiz Carlos. Estratégia e estrutura para um novo Estado. *Brazilian Journal of Political Economy* [*online*], v. 17, n. 3, p. 343-357, 1997. Disponível em: www.scielo.br/j/rep/a/5GLG9Nj8PTg5nzpXDh9Nmmy/?lang=pt. Acesso em: 7 jul. 2025.

BRESSER-PEREIRA, Luiz Carlos. Gestão do setor público: estratégia e estrutura para um novo Estado. *In*: BRESSER-PEREIRA, Luiz Carlos; SPINK, Peter (org.) *Reforma do Estado e Administração Pública Gerencial*. 3. ed. São Paulo: Fundação Getulio Vargas, 1998.

BRESSER-PEREIRA, Luiz Carlos. Da administração pública burocrática à gerencial. *Revista do Serviço Público*, v. 47, n. 1, jan./abr. 1996.

CAETANO, Marcello. *Princípios fundamentais do direito administrativo*. Coimbra: Almedina, 1996.

CAMACHO, Fernando Tavares; RODRIGUES, Bruno da Costa Lucas. Regulação econômica de infraestruturas: como escolher o modelo mais adequado? *Revista do BNDES*, Rio de Janeiro, n. 41, p. 257-287, jun. 2014.

COASE, Ronald Harry. The Nature of the Firm. *Economica*, v. 4, n. 16, 1937.

DI PIETRO, Maria Sylvia Zanella. *Direito administrativo*. 20. ed. São Paulo: Atlas, 2007.

DI PIETRO, Maria Sylvia Zanella. *Parcerias na Administração Pública*. 11. ed. Rio de Janeiro: Forense, 2017.

DUTRA, Pedro. *A fiscalização dos serviços públicos privatizados*. São Paulo: Jornal Gazeta Mercantil, 1998.

FAJARDO, Gabriel Ribeiro. A entrada de novos atores nas concessões de serviços públicos: a superação da racionalidade da Lei nº 8.666/93 e o caso da ARTESP. *Revista de Contratos Públicos*, Belo Horizonte, v. 8, n. 16, set. 2019/fev. 2020. Disponível em: https://dspace.almg.gov.br/handle/11037/37417. Acesso em: 23 jun. 2025.

FAJARDO, Gabriel Ribeiro. O duplo sistema de regulação (agência e contrato): um olhar sob a ótica dos contratos federais de rodovias. *Revista do Tribunal de Contas do Estado de Minas Gerais*, Belo Horizonte, ano 1, v. 36, n. 1, 2018.

FAJARDO, Gabriel Ribeiro. Ortodoxia da vinculação ao instrumento convocatório resistirá ao novo coronavírus? *Jota*, 16 abr. 2020. Disponível em: www.jota.info/opiniao-e-analise/colunas/infra/ortodoxia-da-vinculacao-ao-instrumento-convocatorio-resistira-ao-novo-coronavirus-16042020. Acesso em: 23 jun. 2025.

FAJARDO, Gabriel Ribeiro. Parcerias com a Administração Pública com o Setor Privado para a Efetivação do Direito Social à Moradia. *In*: DIAS, Maria Tereza Fonseca; UNES, Flavio Henrique (org.) *O Direito administrativo social e econômica*: análise de direito comparado. São Paulo: Almedina, 2021.

FAJARDO, Gabriel Ribeiro; COHEN, Isadora; FERREIRA, Isabel Campos. Binômio previsibilidade x flexibilidade em contratos de concessão de rodovias. *In*: DAL POZZO, Augusto Neves; ENEI, José Virgílio Lopes (org.) *Tratado sobre o setor de rodovias no direito brasileiro*. 1. ed. São Paulo: Contracorrente, 2022. v. 2, p. 392-405.

FORTINI, Cristiana. Novos investimentos e o ambiente dos contratos celebrados com a administração. *Consultor Jurídico*, 10 jan. 2019. Disponível em: www.conjur.com.br/2019-jan-10/interesse-publico-novos-investimentos-ambiente-contratos-administracao. Acesso em: 7 jul. 2025.

FORTINI, Cristiana; BINENBOJM, Gustavo. Governança de riscos nos contratos de concessão de infraestrutura rodoviária. *Conjur*, 22 dez. 2022. Disponível em: www.conjur.com.br/2022-dez-22/interesse-publico-governanca-riscos-contratos-concessao-rodoviaria. Acesso em: 23 jun. 2025.

FORTINI, Cristiana; FAJARDO, Gabriel. A nova Lei das Agências Reguladoras: impressões iniciais. *Conjur*, 27 jun. 2019. Disponível em: www.conjur.com.br/2019-jun-27/interesse-publico-lei-agencias-reguladoras-impressoes-iniciais. Acesso em: 23 jun. 2025.

FORTINI, Cristiana; FAJARDO, Gabriel. Linha Amarela e o castelo de areia da segurança jurídica. *Jota*, 2 out. 2020. Disponível em: www.jota.info/opiniao-e-analise/colunas/infra/linha-amarela-castelo-areia-seguranca-juridica-02102020. Acesso em: 23 jun. 2025.

FORTINI, Cristiana; FAJARDO, Gabriel. *Um arranjo histórico sobre as concessões e parcerias público-privadas. O Direito Administrativo nos 30 anos da Constituição Federal*. Belo Horizonte: Fórum, 2018.

FORTINI, Cristiana; FAJARDO, Gabriel; VILLANI, André. Integridade e regulação na prestação do serviço público de distribuição de energia elétrica. *Revista de Estudos Constitucionais, Hermenêutica e Teoria do Direito (RECHTD)*, v. 12, n. 3, p. 481-502, set./dez. 2020.

FORTINI, Cristiana; NÓBREGA, Marcos Antônio Rios da; CAVALCANTI, Caio Mário Lana. Matriz de riscos dos contratos de parceria público-privada: alteração consensual. *Conjur*, 30 jun. 2022. Disponível em: www.conjur.com.br/2022-jun-30/interesse-publico-matriz-riscos-contratos-parceria-publico-privada. Acesso em: 23 jun. 2025.

FORTINI, Cristiana; PIRES, Priscila Gianneti Campos. Equilíbrio Econômico-Financeiro nas Parcerias Público-Privadas. *In*: JUSTEN FILHO, Marçal; SCHWIND, Rafael Wallbach. (coord.) *Parcerias Público-Privadas*: Reflexão sobre os 10 anos da Lei 11.079/2004. São Paulo: Revista dos Tribunais, 2015.

FREIRE, André Luis Macagnan; LIRA, Kaliane Wilma Cavalcante; WACHHOLZ, Roberta Negrão Costa. *O Regulamento das concessões rodoviárias*: proposta de aperfeiçoamento da regulação normativa. Direito e Infraestrutura no Brasil: temas relevantes em transportes terrestres e tópicos transversais. Parte II. Publicações da Escola da AGU, Brasília, ano 13, n. 4, p. 214, dez. 2021/fev. 2022.

FREITAS, Rafael Véras de. Incompletude em contratos de concessão: ainda a Teoria da Imprevisão? *Revista de Contratos Públicos – RCP*, Belo Horizonte, ano 9, n. 17, p. 151-188, mar./ago. 2020.

FREITAS, Rafael Véras de. Regulação por contratos de concessão em situações de incerteza. *Interesse Público – IP*, Belo Horizonte, ano 23, n. 125, p. 187-231, jan./fev. 2021.

GARCIA, Flávio Amaral. A imprevisão na previsão e os contratos concessionais. *In*: MOREIRA, Egon Bockmann (coord.) *Tratado do equilíbrio econômico-financeiro*: contratos administrativos, concessões, parcerias público-privadas, Taxa Interna de Retorno, prorrogação antecipada e relicitação. 2. ed. Belo Horizonte: Fórum, 2019. p. 119-133.

GARCIA, Flávio Amaral. *A mutabilidade dos Contratos de Concessão no Brasil*. 2019. Tese (Doutorado) – Universidade de Coimbra, Coimbra, 2019a.

GARCIA, Flávio Amaral. A mutabilidade e incompletude na regulação por contrato e a função integrativa das agências. *Revista de Direito da Procuradoria Geral*, Rio de Janeiro, p. 93, 2017.

GARCIA, Flávio Amaral. *Concessões, Parcerias e Regulação*. São Paulo: Malheiros, 2019b.

GARCIA, Flávio Amaral. *Regulação Jurídica das Rodovias Concedidas*. Rio de Janeiro: Lumen Juris, 2004.

GASIOLA, Gustavo Gil; MARRARA, Thiago. Concessão de rodovia: análise crítica da prática contratual brasileira. *In*: TOJAL, Sebastião Botto de Barros; SOUZA, Jorge Henrique Oliveira (coord.) *Direito e infraestrutura*: rodovias e ferrovias. Belo Horizonte: Fórum, 2021. p. 399-428.

GONÇALVES, Pedro Costa. *A concessão de serviços públicos*. Coimbra: Almedina, 1999.

GONÇALVES, Pedro Costa. *Reflexões sobre o Estado Regulador e o Estado Contratante*. Coimbra: Coimbra Editora, 2013.

GUERRA, Sérgio. *Agências Reguladoras*: da organização administrativa piramidal à governança em rede. 2. ed. Belo Horizonte: Fórum, 2021.

GUERRA, Sérgio. *Discricionariedade, regulação e reflexividade*: uma nova teoria sobre as escolhas administrativas. Belo Horizonte: Fórum, 2022.

GUERRA, Sérgio. *Equilíbrio Econômico-Financeiro e taxa interna de retorno nas parcerias público-privadas*. *In*: JUSTEN FILHO, Marçal; SCHWIND, Rafael Wallbach (coord.) *Parcerias Público-Privadas*: reflexões sobre os 10 anos da Lei nº 11.079/2004. São Paulo: Revista dos Tribunais, 2015.

GUERRA, Sérgio; FREITAS, Rafael Véras de. O modelo institucional do setor portuário: os institutos da análise do impacto regulatório (AIR) e da conferência de serviços como mecanismos de equalização do controle político sobre as agências reguladoras. *Revista de Direito da Procuradoria Geral*, Rio de Janeiro, 2014.

GUIMARÃES, Fernando Vernalha. *Concessão de serviço público*. 2. ed. São Paulo: Saraiva, 2014.

GUIMARÃES, Fernando Vernalha. O equilíbrio econômico-financeiro nas concessões e PPPs: formação e metodologias para recomposição. *In*: MOREIRA, Egon Bockmann (coord.) *Tratado do equilíbrio econômico-financeiro*: contratos administrativos, concessões, parcerias público-privadas, Taxa Interna de Retorno, prorrogação antecipada e relicitação. 2. ed. Belo Horizonte: Fórum, 2019.

HART, Oliver; MOORE, John. Contracts as Reference Points. *The Quaterly Journal of Economics*, v. CXXIII, Feb. 2008.

HUPSEL, Edite Mesquita. *Estado, Serviços Públicos e Parcerias Público-Privadas no Brasil*: anotações. 2013. Dissertação (Mestrado) – Universidade de Coimbra, Coimbra, 2013.

JOBIM, Nelson. *Quem controla as Agências Reguladoras de Serviços Públicos?* Rio de Janeiro: Instituto Hélio Beltrão, 2003.

JORDÃO, Eduardo; THEVENARD, Lucas; SCHWAITZER, Bernardo (coord.) *Agências Reguladoras Estaduais*: Pesquisa Empírica sobre Maturidade Institucional. Salvador: JusPodivm, 2025.

JUSTEN FILHO, Marçal. *O Direito das Agências Reguladoras Independentes*. São Paulo: Dialética, 2002.

JUSTEN FILHO, Marçal. *Teoria Geral das Concessões de Serviços Públicos*. São Paulo: Dialética, 2003.

MARCATO, Fernando S.; FAJARDO, Gabriel Ribeiro. Por que uma agência reguladora de transportes? *In*: TOJAL, Sebastião Botto de Barros; SOUZA, Jorge Henrique de Oliveira (coord.) *Direito e infraestrutura*: rodovias e ferrovias – 20 anos da Lei nº 10.233/2001. Belo Horizonte: Fórum, 2021. v. 2, p. 69-82.

MARQUES NETO, Floriano de Azevedo. A nova regulação estatal e as agências independentes. *In*: SUNDFELD, Carlos Ari (org.) *Direito Administrativo Econômico*. São Paulo: Malheiros, 2000.

MARQUES NETO, Floriano de Azevedo. *Agências Reguladoras Independentes*: Fundamentos e seu Regime Jurídico. Belo Horizonte: Fórum, 2005b.

MARQUES NETO, Floriano de Azevedo. Balanço e Perspectivas das Agências Reguladoras no Brasil. *Conjuntura & Informação*, n. 15, jul./set. 2001.

MARQUES NETO, Floriano de Azevedo. Balanço e Perspectivas das Agências Reguladoras no Brasil. *Revista Eletrônica sobre a Reforma do Estado*, Salvador, Instituto de Direito Público da Bahia, n. 1, mar. 2005a. Disponível em: www.direitodoestado.com.br/artigo/floriano-de-azevedo-marques-neto/balanco-e-perspectivas-das-agenciasreguladoras-no-brasil. Acesso em: 23 jun. 2025.

MARQUES NETO, Floriano de Azevedo. Breves considerações sobre o equilíbrio econômico-financeiro nas concessões. *Revista De Direito Administrativo*, v. 227, 2002, p. 105-110.

MARQUES NETO, Floriano de Azevedo. *Concessões*. Belo Horizonte: Fórum, 2015.

MARQUES NETO, Floriano de Azevedo. Limites à Abrangência e à Intensidade da Regulação Estatal. *Revista de Direito Público da Economia*, Belo Horizonte, n. 1, jan./mar. 2003.

MARQUES NETO, Floriano de Azevedo. *Regulação Estatal e Interesses Públicos*. São Paulo: Malheiros, 2002.

MARTINS, Darcio Genicolo; VALENTE, Patricia Pessôa. *Percepções sobre a regulação da infraestrutura de transporte e mobilidade no Brasil. Versão para discussão*. São Paulo: Insper, 2019. Disponível em: https://pessoavalente.com.br/midia/percepcoes-sobre-a-regulacao-da-infraestrutura-de-transportes-e-mobilidade-no-brasil-2014. Acesso em: 23 jun. 2025.

MEDAUAR, Odete. *O Direito Administrativo em evolução*. 3. ed. Brasília: Gazeta Jurídica, 2017.

MELO, Antônio Moreira Barbosa de. A ideia de contrato no centro do universo jurídico-público. *In*: GONÇALVES, Pedro Costa (org.) *Estudos de contratação Pública – I*. Coimbra: Coimbra Editora, 2008.

MENEZES, Fernando. Contratos administrativos nos dias atuais. *Interesse Público*, Belo Horizonte, ano 17, n. 90, p. 37-62, mar./abr. 2015. Disponível em: http://dspace/xmlui/bitstream/item/19091/PDIexibepdf.pdf?sequence=1. Acesso em: 7 jul. 2025.

MERLOTTO, Nara Carolina. *A atuação do Tribunal de Contas da União sobre a independência e o controle*. 2018. Dissertação (Mestrado) – Faculdade de Direito, Universidade de São Paulo, 2018.

MINAS GERAIS. *Minuta de contrato de concessão do estado de Minas Gerais na Concorrência Pública Internacional n. 002/2021 para concessão do sistema rodoviário*. Disponível em: www.infraestrutura.mg.gov.br/images/documentos/licitacoes/2021/lote-triangulo-mineiro/Republicado-120222/Minuta%20de%20%20Contrato%20L1_%20p%C3%B3s%20esclarecimentos%20complementares%20-%2022_07_2022.pdf. Acesso em: 23 jun. 2025.

MINAS GERAIS. Tribunal de Contas do Estado de Minas Gerais. *Informativo de jurisprudência n. 246, de 2022*. Belo Horizonte: TCEMG, 2022.

MOREIRA NETO, Diogo de Figueiredo. *Direito Regulatório*. Rio de Janeiro: Renovar, 2003.

MOREIRA NETO, Diogo de Figueiredo. Reforma da ordem econômica e financeira. *Cadernos de Direito Constitucional e Ciência Política*, São Paulo, v. 3, n. 9, p. 22-25, out./dez. 1994.

MOREIRA, Egon Bockmann. Agências reguladoras independentes: a necessidade de seu reforço institucional por meio de uma lei-quadro. *Direito do Estado*, 22 jun. 2016. Disponível em: www.direitodoestado.com.br/colunistas/egon-bockmann-moreira/agencias-reguladoras-independentes-a-necessidade-de-seu-reforco-institucional-por-meio-de-uma-lei-quadro. Acesso em: 23 jun. 2025.

MOREIRA, Egon Bockmann. As mutações contratuais nas telecomunicações: concessões que se transformam em autorizações. *Gazeta do Povo*, 15 set. 2017. Disponível em: www.gazetadopovo.com.br/justica/colunistas/egon-bockmann-moreira/as-mutacoes-contratuais-nas-telecomunicacoes-concessoes-que-se-transformam-em-autorizacoes-18g70d2z0f062dx7g87qnmdac. Acesso em: 23 jun. 2025.

MOREIRA, Egon Bockmann. Contratos administrativos de longo prazo: a lógica de seu equilíbrio econômico-financeiro. *In*: MOREIRA, Egon Bockmann (coord.) *Tratado de equilíbrio econômico-financeiro*: contrato administrativo, concessões, parcerias público-privadas, Taxa Interna de Retorno, prorrogação antecipada e relicitação. 2. ed. Belo Horizonte: Fórum, 2019. p. 89-98.

MOREIRA, Egon Bockmann. *Direito das concessões de serviços públicos*: concessões, parcerias, permissões e autorizações. 2. ed. Belo Horizonte: Fórum, 2022.

MOREIRA, Egon Bockmann. O Contrato Administrativo como Instrumento de Governo. *In*: GONÇALVES, Pedro (coord.) *Estudos de Contratação Pública*. Coimbra: Coimbra Editora, 2010. v. IV.

MOREIRA, Egon Bockmann; CAGGIANO, Heloísa Conrado. O poder normativo das agências reguladoras na jurisprudência do STF – Mutação constitucional do princípio da legalidade? *Revista de Direito Público da Economia – RDPE*, Belo Horizonte, ano 11, n. 43, jul./set. 2013.

MOREIRA, Egon Bockmann; GUZELA, Rafaella Peçanha. Contratos administrativos de longo prazo, equilíbrio econômico financeiro e Taxa Interna de Retorno (TIR). *In*: MOREIRA, Egon Bockmann (coord.) *Tratado do equilíbrio econômico-financeiro*: contratos administrativos, concessões, parcerias público-privadas, Taxa Interna de Retorno, prorrogação antecipada e relicitação. 2. ed. Belo Horizonte: Fórum, 2019. p. 421-441.

MOREIRA, Vital; MAÇÃS, Fernanda. *Autoridades Reguladoras Independentes*. Coimbra: Coimbra Editora, 1997.

NATAL, Tatiana Esteves. *A teoria dos contratos incompletos e a natural incompletude do contrato de concessão*. c2014. Disponível em: https://fdocumentos.tips/document/a-teoria-dos-contratos-incompletos-e-a-natural-anapeorgbrsitewp-contentuploads201401004056 tatiana.html?page=7. Acesso em: 7 jul. 2025.

NETO, Giuseppe Giamundo; LEONI, Fernanda. Algumas notas sobre as agências reguladoras como poder concedente. *Revista Consultor Jurídico*, 4 out. 2023. Disponível em: www.conjur.com.br/2023-out-04/infra-controle-algumas-notas-agencias-reguladoras-poder-concedente. Acesso em: 23 jun. 2025.

NOBRE JÚNIOR, Edilson Pereira. *O controle jurisdicional da função normativa das agências reguladoras*. São Paulo: Contracorrente, 2021.

NÓBREGA, Marcos. *Direito da Infraestrutura*. São Paulo: Quartier Latin, 2011.

ORGANIZAÇÃO PARA COOPERAÇÃO E DESENVOLVIMENTO ECONÔMICO (OCDE). *Relatório sobre a reforma regulatória no Brasil*: fortalecendo a governança para o crescimento. Paris: OECD Publishing, 2008.

OSBORNE, David; GAEBLER, Ted. *Reinventando o governo*: como o espírito empreendedor está transformando o setor público. Trad. de Sérgio Fernando Guarischi Bath e Ewandro Magalhães Jr. 6. ed. Brasília: MH Comunicação, 1995.

PEREZ, Marcos Augusto. As Agências Reguladoras no Direito Brasileiro: Origem, Natureza e Função. *Revista Trimestral de Direito Público*, v. 23, 1998.

PEREZ, Marcos Augusto. *O risco no contrato de concessão de serviço público*. Belo Horizonte: Fórum, 2006.

PRADO, Lucas Navarro. Empresa estatal e fundações podem ser concedentes de serviços públicos em PPP. *In*: GUIMARÃES, Fernando Vernalha. *Concessão de serviço público*. 2. ed. São Paulo: Saraiva, 2014.

PRADO, Lucas Navarro; GAMELL, Denis Austin. Regulação econômica de infraestrutura e equilíbrio econômico-financeiro: reflexo do modelo de regulação sobre o mecanismo de reequilíbrio a ser adotado. *In*: MOREIRA, Egon Bockmann (coord.) *Tratado do equilíbrio econômico-financeiro*: contratos administrativos, concessões, parcerias público-privadas, Taxa Interna de Retorno, prorrogação antecipada e relicitação. 2. ed. Belo Horizonte: Fórum, 2019. p. 251-259.

RIBEIRO, Gabriela Miniussi Engler Pinto Portugal. *Novos investimentos em parcerias*. 2020. Dissertação (Mestrado) – Faculdade de Direito da Fundação Getulio Vargas, São Paulo, 2020.

RIBEIRO, Maurício Portugal; PRADO, Lucas Navarro. *Comentários à Lei de PPP – Parceria Público Privada*. São Paulo: Malheiros, 2007.

SADDY, André. Algumas sugestões para incrementar a independência ou autonomia orgânica e administrativa das agências reguladoras. *BDA – Boletim de Direito Administrativo*, São Paulo, ano 31, n. 2, p. 131-142, fev. 2015.

SANTOS, Marcela de Oliveira; AVELAR, Mariana Magalhães. O processo decisório das agências reguladoras: desafios e oportunidades (artigos 7º e 8º a Lei nº 13.848/2019). *In*: SCHIER, Adriana da Costa Ricardo; FORTINI, Cristiana; CASIMIRO, Lígia Maria Silvia Melo de; VALLE, Vanice Regina Lírio do (coord.) *Marco legal das agências reguladoras na visão delas*: comentários à Lei nº 13.848/2019 e à IN nº 97/2020. Belo Horizonte: Fórum, 2021. p. 69-83.

SÃO PAULO (Estado). *Parecer nº CJ/SLT nº 15/2021*. São Paulo: Procuradoria-Geral do Estado de São Paulo, 2021. p. 5-6.

SCHIER, Adriana da Costa Ricardo; LIMA, Maria Cristina. O processo decisório das agências reguladoras: elementos de instrução à decisão regulatória (artigos 4º ao 6º da Lei nº 13.848/2019. *In*: SCHIER, Adriana da Costa Ricardo; FORTINI, Cristiana; CASIMIRO, Lígia Maria Silvia Melo de; VALLE, Vanice Regina Lírio do (coord.) *Marco Legal das agências reguladoras na visão delas*: comentários à Lei nº 13.848/2019 e à IN nº 97/2020. Belo Horizonte: Fórum, 2021. p. 43-67.

SCHIRATO, Vitor Rhein. A deterioração do sistema regulatório brasileiro. *Revista de Direito Público da Economia – RDPE*, Belo Horizonte, ano 11, n. 44, out./dez. 2013.

SENADO FEDERAL. *Pronunciamento de Roberto Requião em 3/6/2011*. Discurso durante a 90ª sessão não deliberativa. Disponível em: www25.senado.leg.br/web/atividade/pronunciamentos/-/p/pronunciamento/388427. Acesso em: 23 jun. 2025.

SENNA, Laís Ribeiro de. Análise do desenvolvimento de modelagens contratuais no Programa de Concessões de Rodovias Federais. *In*: TOJAL, Sebastião Botto de Barros. SOUZA, Jorge Henrique Oliveira (coord.) *Direito e infraestrutura*: rodovias e ferrovias. Belo Horizonte: Fórum, 2021. p. 211-249.

SOUTO, Marcos Juruena Villela. Agências Reguladoras. *Revista de Direito Administrativo*, Rio de Janeiro, v. 216, p. 125-162, abr./jun. 1999.

SOUTO, Marcos Juruena Villela. *Direito Administrativo Regulatório*. Rio de Janeiro: Lumen Juris, 2002.

SUNDFELD, Carlos Ari. Direito público e regulação no Brasil. *In*: GUERRA, Sérgio (org.) *Regulação no Brasil*: uma visão multidisciplinar. Rio de Janeiro: FGV, 2014.

SUNDFELD, Carlos Ari; PALMA, Juliana Bonacorsi de. Dinâmica de preparação do edital. *In*: MARCATO, Fernando S.; PINTO JUNIOR, Mario Engler (coord.) *Direito da Infraestrutura*. 1. ed. São Paulo: Saraiva, 2017. v. 1.

VALIATI, Thiago Priess. O sistema duplo de regulação no Brasil: a regulação por contrato complementada pela regulação por agência: The double regulatory system in Brazil: regulation by contract complemented by regulation by agency. *Revista de Direito Administrativo e Infraestrutura – RDAI*, São Paulo, v. 3, n. 8, p. 23-58, 2019.

VIEIRA, Ariane Sherman Morais. *Os limites à delegação do exercício do poder de polícia estatal*: análise sobre a possibilidade de atuação dos particulares. 2016. Dissertação (Mestrado) – Universidade Federal de Minas Gerais, 2016.

VILLAVERDE, João; REGO, José Márcio. *Bresser-Pereira*: rupturas do pensamento. Uma autobiografia em entrevista. São Paulo: Editora 34, 2020.

FSC
MISTO
Papel
FSC® C092828

2023
CARBON NEUTRAL
SAVE

Esta obra foi composta em fonte Palatino Linotype, corpo 10
e impressa em papel Pólen Bold 70g (miolo) e Supremo 250g (capa)
pela Gráfica Formato.